风的颜色

好词
好句
用起来

窦昕 主编

人民东方出版传媒
People's Oriental Publishing & Media
东方出版社
The Oriental Press

图书在版编目（CIP）数据

风的颜色：好词好句用起来 / 窦昕主编 . — 北京：东方出版社，2024.8
— ISBN 978-7-5207-4015-9

I. G624.243

中国国家版本馆 CIP 数据核字第 2024UV5056 号

风的颜色：好词好句用起来
（FENG DE YANSE：HAOCI HAOJU YONGQILAI）

主　　编：窦　昕
策　　划：王莉莉
责任编辑：赵　琳　王小语
产品经理：赵　琳
装帧设计：王美丽
出　　版：东方出版社
发　　行：人民东方出版传媒有限公司
地　　址：北京市东城区朝阳门内大街 166 号
邮　　编：100010
印　　刷：鸿博昊天科技有限公司
版　　次：2024 年 8 月第 1 版
印　　次：2025 年 5 月第 6 次印刷
印　　数：30001—40000 册
开　　本：710 毫米 ×1000 毫米　1/16
印　　张：18
字　　数：125 千字
书　　号：ISBN 978-7-5207-4015-9
定　　价：119.00 元
发行电话：（010）85924663　85924644　85924641

编 委 会

主编

窦　昕

执行主编

赵伯奇　　张国庆

豆神编审委员会

窦　昕　　赵伯奇　　张国庆　　朱雅特　　魏梦琦

编者

陈吉赫	董　頔	董欢欢	房玥彤
胡　迪	姜如月	李书涵	李思睿
李　笑	李雪飞	李雨轩	梁　燕
刘　飞	刘　莹	罗骏媛	罗瑞辰
尚　梅	宋蔚奇	苏　畅	隋　妍
王　金	王　琪	王　姚	周春亮

（注：排名不分先后）

写妙了颜色，就写美了一切。

少女时代的李清照，蹴罢秋千，慵整纤细双手，此时见客入门，假装嗅青梅，偷看俊逸的来客，颊侧是娇羞的粉色。

"我去买几个橘子"，身躯圆润的朱鸿钧爬过月台，留给朱自清一个温暖的散发着暖橙色光芒的背影。

黑夜给了顾城黑色的眼睛，他却用这黑色的眼眸寻找光明，他说这就是他们"一代人"的寻觅。

普法战争进展到巴黎围城阶段，莫泊桑熟悉的两位朋友冒险出城钓鱼，他们跟驻扎在瓦隆村的前哨团长讨要了出城口令。晚霞映红了钓竿和湖面，同他们被普鲁士军官处决时流出的不屈热血一起，织成了炽烈的红色锦缎。

面颊苍白的小美人鱼凝视着熟睡的王子，王子白皙的脸庞在微光下渐渐陌生，他睡梦中呼唤另一位女子，哀莫大于心死。小美人鱼抛下了用来报复的闪着寒光的刀子，化为船边海浪上翻动着的白色泡沫。

泰戈尔变成一朵金色花，看着妈妈在窗前读《罗摩衍那》。黄昏时，妈妈举着泛出黄光的油灯到牛棚去，他突然落回地上，变成了孩子模样。"你到哪里去了，你这坏孩子？""我不告诉你，妈妈。"一脸慈祥微笑的母亲，化作一片金光，留给儿子终身不忘的回想。

宫崎骏筑起的《天空之城》里，那花园是让人心旷神怡的翠绿，《千与千寻》中到达的"油屋"是江户时代复古的水彩绿，质朴纯净、荡涤污垢、返归自然，这绿色是宫崎骏带给观者的本真之心。

会写颜色，犹如手拈神奇画笔：这一抹红，化为热情燃光的残烬，那一条灰，幻成一缕炊烟，那是逝去的枝条的不朽英魂；洒一点金，染成一地黄花，衬出的是采菊东篱的陶渊明。

拥有《风的颜色：好词好句用起来》这本书，你便可自如运笔，写层林尽染，写露浓花瘦，写重湖叠巘；写秋叶，写日落，写长空；写击水三千里，写起舞弄清影，写铁马冰河入梦来；写豆神弟子，写孔门传人，写天子门生；写一刹，写一岁，写一生……

写妙了颜色，就写活了灵魂。

窦昕（豆神教育CEO）

二〇二二年十月于北京

微陌词
为作文增添高级感

我家孩子的作文里都是大白话，没有好词好句，怎么办？

我家孩子读了不少书，但为什么作文还是写不好？

这是关于孩子写作文家长最困惑的两个问题，而这本《风的颜色：好词好句用起来》就是为了解决这两个问题而创作的。

那么，到底什么样的词句才叫好词好句呢？我们可以把所有的词语分成三类。

第一类叫俗白词，指的是生活中最常见、最常用的词，比如房子、砖头、吃饭、睡觉、马路、汽车。这样的词很难说有什么美感，用在作文里，也不能让语言更加优美。俗话说："距离产生美。"俗白词之所以没有美感，就是因为它和我们的日常生活没有距离，太接地气了。

第二类叫冷僻词，这种词完全走到了俗白词的对立面，它和日常生活的距离太远了，我们甚至连念都念不出来，比如蹢躅、彳亍、鹄的、趑趄等。这样的词如果大量出现在作文中，整篇文章恐怕都会令人生厌，更谈不上什么美感。

没有距离不行，距离太远也不行。其实，最能让语言带有高级感的是那种有陌生感，但又不是特别陌生的词语，**这就是第三类——微陌词**，即稍微陌生的词语。比如形容一个乞丐，大多数孩子会说"这个乞丐穿着破烂的衣服，脸上脏兮兮的"，但如果把这个句子改成"乞丐衣衫褴褛，蓬头垢面"，语言的高级感就立刻体现出来了。再比如写刮风，很多孩子会写"窗外的北风呼呼地刮着"，而如果改成"北风在窗外猎猎呼啸"，句子就再次被赋予了高级感。"破烂""脏兮兮""呼呼"都是俗白词，"衣衫褴褛""蓬头垢面""猎猎呼啸"都是微陌词。

这本书以"颜色"为主题，精选了600个微陌词，覆盖"景""物""人""事""情""想""议""识""文""专"，共10种写作场景，帮助孩子积累高级表达的语料。

有了微陌词汇的积累，如何让孩子学会运用呢？答案是，刻意训练。很多读书量大却依然不会写作文的孩子，主要都是因为缺少刻意训练的环节。

本书提供了三种"微陌词"的使用方法，分别是"生用""化用""活用"。

何为"生用"？即直接照搬本书给出的词句入文。

何为"化用"？即保留例句的"骨骼"，改变其"肌肉"，实现词汇和技法的迁移。

何为"活用"？意思是领会技法的核心，不再受任何形式上的约束，实现自由的表达，即形散意存。

以本书第 1 章"星眸黑"的第 1 节"遥夜"为例。

例句：闪烁的星，如同会说话的眼。窗缝里漏过的细风，是夜的呢喃。

这两句话主要是为孩子示范如何使用"夜的呢喃"这一词组。如果孩子写作文，记录一次有趣的露营经历，他可以直接在作文中写：

我透过帐篷的窗户仰望夜空，那闪烁的星，如同会说话的眼。窗缝里漏过的细风，是夜的呢喃。

这就是生用。

这样生用几次，孩子会发现"夜的呢喃"并非只能用来形容"细风"，也可以用来形容其他的事物。也就是说，红色字"如同会说话的眼""是夜的呢喃"是例句的"骨骼"，构成了比喻修辞的必要组件；蓝色字"闪烁的星""窗缝里漏过的细风"是肌肉，是可以替换的。

于是，有一天，孩子可能会在作文中写：

摇曳的烛，如同会说话的眼。窗外草丛里的虫鸣，是夜的呢喃。

这就是化用。

再经过一段时间的使用，孩子会领悟到，这两句话的核心是抓住了星和眼、细风和呢喃之间的共同点，构成了比喻的修辞，且本体都是自然界的事物，喻体都是和人有关的事物，这就极大地增强了句子的生动感。所以，只要在句子中用上这样的比喻，即使拆去"骨骼"和"肌肉"，也能达到同等的效果。比如，孩子可以写：

静谧的湖面，仿佛沉睡的美人。低空掠过的微风，那是大地的呼吸。

这就是活用，形散意存。

微陌词，再加上生用、化用、活用的刻意训练，这就是高妙表达的秘密。

张国庆（豆神教育教研总校长）

二〇二四年六月二十八日

CONTENTS
目 录

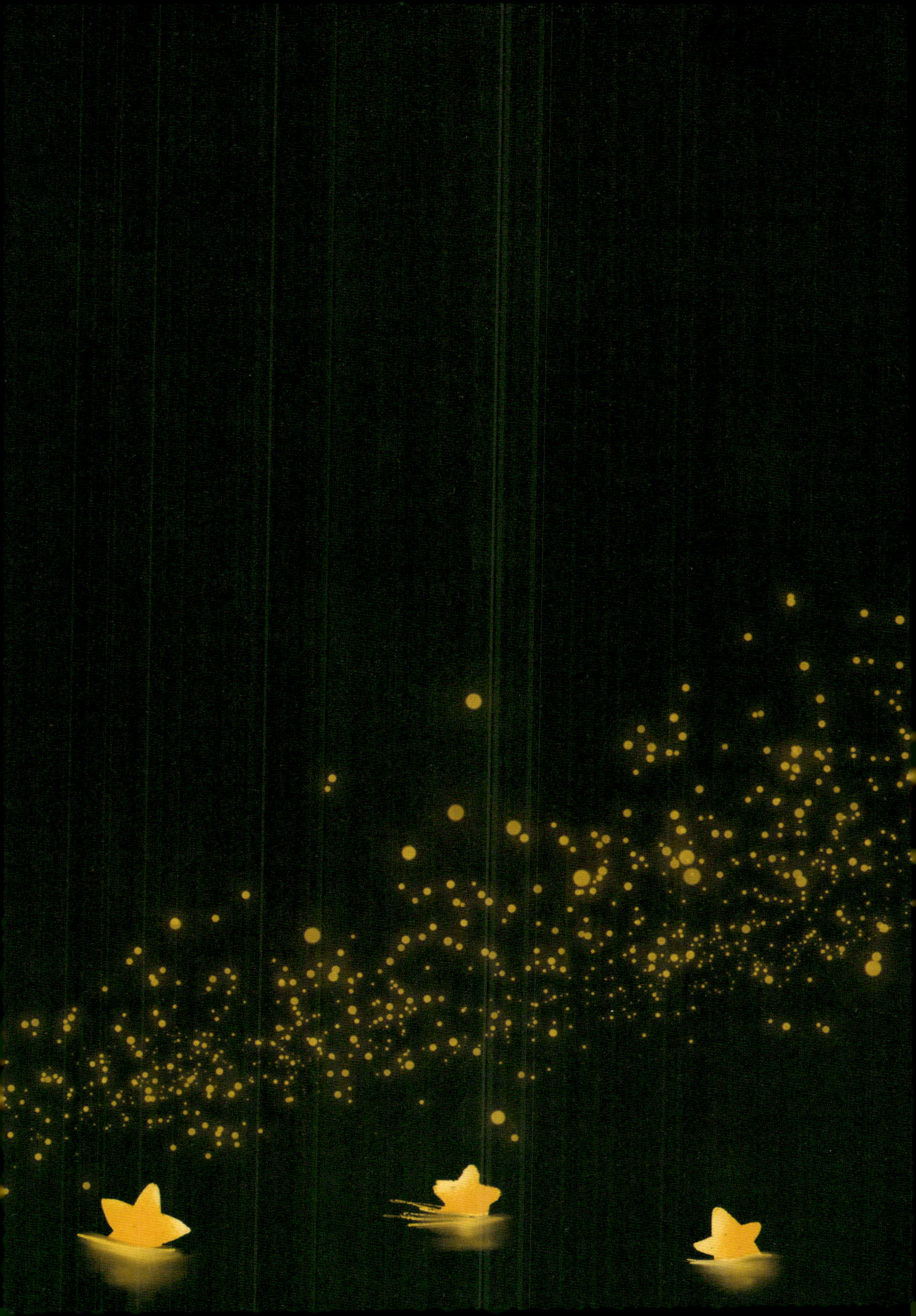

星眸黑

第①章

（一）

景

——

遥夜

主题语汇积累

昏黑　　　黑黢黢　　夜的呢喃　雪舞了一夜　遥夜沉沉
更深夜阑　华灯初上　月明星稀　薄暮冥冥　　暮色苍茫

字词解释

【遥夜沉沉】长夜深沉。比喻忧郁的心情或黑暗的社会，好像漫漫长夜熬不到天明。

【更深夜阑】形容夜深（一般是后半夜）处于一片寂静之中。

【华灯初上】有着美丽光亮的灯刚刚点亮。一般用来形容夜幕刚刚降临时的城市景象。

【月明星稀】皓月当空，星星稀少。参看曹操《短歌行》。

【薄暮冥冥】傍晚时天色昏暗。

主题金句摘用

闪烁的星，如同会说话的眼。窗缝里漏过的细风，是夜的呢喃。

黑云翻墨未遮山，白雨跳珠乱入船。

——苏轼《六月二十七日望湖楼醉书》

俄顷风定云墨色，秋天漠漠向昏黑。

——杜甫《茅屋为秋风所破歌》

视听联喻

❶ 概念：比喻是指通过比较两个不同事物来描述或解释某一事物的修辞手法。视听联喻则是两个比喻句连用，第一句写看到的事物，第二句写听到的声音。

❷ 好处：让句子生动形象，有高级感。同时写两种感官，让读者身临其境。

❸ 示例

　　闪烁的星，如同会说话的眼。窗缝里漏过的细风，是夜的呢喃。

❹ 生用（原封不动，直接引用）

例如写露营：

　　躺在帐篷里仰望夜空。

_____

_____

❺ 化用（保留"骨骼"，改变"肌肉"）

　　闪烁的星，如同会说话的眼。窗缝里漏过的细风，是夜的呢喃。

　　摇曳的烛，如同会说话的眼。窗外草丛里的虫鸣，是夜的呢喃。

　　_____，如同会说话的眼。_____，是夜的呢喃。

6 活用（形散意存）

不再使用"……如同会说话的眼……是夜的呢喃"的固定句式，即"形散"，但要保留视听联喻的技法结构，即"意存"。

　　静谧的湖面，仿佛沉睡的美人。低空掠过的微风，那是大地的呼吸。

_____

_____

7 注意事项

（1）第一句要写看到的事物，第二句要写听到的声音；

（2）当把某事物比喻成"会说话的眼"时，该事物的名称应用单字表示，如星、烛。

物

——黑马

乌木　　背黑锅　　玄裳缟衣　　寒鸦　　　　玄鹤

黑幕　　涂炭　　　翰墨飘香　　朱墨纷呈　　墨竹

字词解释

【玄裳缟衣】黑色的裙，白色的上衣。用以指鹤。出自《后赤壁赋》。

【黑幕】黑暗的内幕，贬义词。比如"竞选黑幕""投票黑幕"等。

【涂炭】泥巴和炭灰。比喻极困苦的境遇，借指陷入灾难的人民。

【翰墨飘香】书画作品上的墨汁香味飘了出来。形容文章、书法写得好，或者绘画画得好。

【朱墨纷呈】既有红字，又有黑字，错落有致。也形容事物缤纷多彩。

主题金句摘用

　　灵感，是天才的女神。她并不步履蹒跚地走过，而是在空中像乌鸦那么警觉地飞过的，她没有什么飘带给诗人抓握，她的头是一团烈火，她溜得快，像那些白里带红的鹤，叫猎人见了无可奈何。

——巴尔扎克

　　臣密今年四十有四，祖母今年九十有六，是臣尽节于陛下之日长，报养刘之日短也。乌鸟私情，愿乞终养。

——李密《陈情表》

黛蛾长敛，任是春风吹不展。

——秦观《减字木兰花》

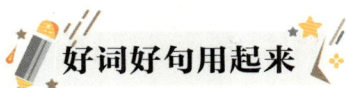

好词好句用起来

由物到人

❶ 概念：凡是经典作品中借物喻人的，先引用、再解释、最后由物到人（用白话把"物"的品质总结为"人"的品质）。

❷ 好处：通过物与人的对比引出观点，能让观点形象化，增强观点的说服力。

❸ 示例

《陈情表》中说"乌乌私情"，意思是小乌鸦长大能反哺父母。物且如此，人（我）怎能没有侍奉尊亲的孝心呢？

❹ 生用（原封不动，直接引用）

例如写母爱：

看着母亲鬓间的丝丝白发，我的眼睛模糊了。

_____

❺ 化用（保留"骨骼"，改变"肌肉"）

《陈情表》中说"乌乌私情"，意思是小乌鸦长大能反哺父母。物且如此，人（我）怎能没有侍奉尊亲的孝心呢？

王安石说"凌寒独自开"，意思是梅花冒着严寒独自开放。

物且如此，人（我）怎能随波逐流、畏首畏尾呢？

_____说"_____"，意思是_____。

物且如此，人（我）怎能_____呢？

6 活用（形散意存）

不再使用"……说……意思是……物且如此，人（我）怎能……呢"的句式结构，即"形散"，但要保留从物到人的技法内涵，即"意存"。

　　这次合唱团选拔，我落榜了。千里马常有，而伯乐不常有。韩愈认为，千里马有很多，伯乐却不常见。此时的我，多么渴望一位能听懂我歌声的伯乐啊！

_____

_____

_____

7 注意事项

（1）整句话要由引用、解释、转移三部分构成；

（2）当使用"物且如此，人（我）怎能……呢"结构时，结束部分用反问句可以增强语势。

第 **3** 节

人

——星眸

眼眸　　　魁梧黧黑　　烟熏火燎　　黑旋风　　目似点漆

鬓黑如漆　　倾泻如墨　　冒烟眉　　含情目　　乌合之众

字词解释

【魁梧黧黑】形容人强壮高大，面容焦黑。

【烟熏火燎】受到烟和火熏烤。比喻酷热或干燥。

【目似点漆】用点漆来形容人物的眼珠漆黑，炯炯有神。

【鬓黑如漆】形容头发又稠又黑。

【倾泻如墨】描写乌黑的长发顺着人肩头，就好像墨水倾泻下来一样。

主题金句摘用

水是眼波横，山是眉峰聚。

——王观《卜算子·送鲍浩然之浙东》

满面尘灰烟火色，两鬓苍苍十指黑。

——白居易《卖炭翁》

尤其令人害怕的是他那双眼睛——细小而且锋利，像钢钻一样刺人，不管是谁，只要和他的目光相遇，都会感到自己面前的这个人有一股无所畏惧的蛮劲，随时准备毫不留情地痛打别人。

——高尔基《母亲》

那双眼睛像一对熟透了的葡萄那样紫得发黑——那是园丁的眼睛，这种眼睛能温暖花园里的一切，能环抱覆盆子不被兔子啃掉，能呵护秋蔷薇绽开花朵，像看娇花嫩草那样看着我们的班级。

那双眼睛像一对黑宝石那样闪闪发光——那是驯狮者的眼睛，这种眼睛能透过房屋的墙壁看见里面发生的一切，能透过人的肌体，洞察人的肺腑，像阅读一本打开的书。

——勃兰兑斯《十九世纪文学主流》

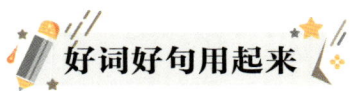

好词好句用起来

如何写眼睛

❶ 好处：眼睛是心灵的窗户，可以传递丰富而细腻的感情。写好了眼睛，就能让人深度感知人物的内心世界。

❷ 初级用法

【要对比】——像什么，是什么，能怎么样。

那双眼睛像一对熟透了的葡萄那样紫得发黑——那是园丁的眼睛，这种眼睛能温暖花园里的一切，能环抱覆盆子不被兔子啃掉，能呵护秋蔷薇绽开花朵，像看娇花嫩草那样看着我们的班级。

那双眼睛像_____——那是_____的眼睛，这种眼睛能_____，能_____，

能 _____ ，像 _____ 。

❸ 中级用法

【要构造】——构造一个具体形象，从而将抽象感受具象化。

尤其令人害怕的是他的那双眼睛——细小而且锋利，像钢钻一样刺人，不管是谁，只要和他的目光相遇，都会感到自己面前这个人有一股无所畏惧的蛮劲，随时准备毫不留情地痛打别人。

尤其令人害怕的是他的那双眼睛——_____ ，像_____ ，不管是谁，只要和他的目光相遇，都会感到 _____ 。

❹ 高级用法

【要移觉】——从抽象感受移觉为触觉，从而让读者身临其境。

我凝望着他的眼眸。似乎望穿了他的眼底，我仿佛掉入了滚烫的岩浆池，感受到了前所未有的热情。

我凝望着他的眼眸。似乎望穿了他的眼底，我仿佛跳 / 坠 / 堕 / 掉入了_____ ，感受到了 _____ 。

❺ 注意事项

（1）初级用法描写的是眼睛的外形，中级用法描写的是目光；

（2）在初级用法中，如要将眼睛比喻为动植物，需用具体的动植物名，避免使用"小草""大树"等统称。

第 **4** 节

事

——

暗

流

主题语汇积累

暗战　　　抖黑料　　暗潮汹涌　暗流涌动　不分青红皂白

暗藏玄机　潜滋暗长　明推暗就　暗室逢灯　玄黄翻覆

字词解释

【暗潮汹涌】暗中发展的势态已经十分严重和迅猛。比喻暗中发展而尚未显露出来的巨大势力。

【潜滋暗长】在暗中不知不觉地滋生发展。

【明推暗就】表面上拒绝，暗地里接受。形容装腔作势、假意拒绝的样子。

【暗室逢灯】比喻在危难或困惑中，忽然遇人援救或指点引导。近义词：雪中送炭。

【玄黄翻覆】形容有巨大的变动、变化，天翻地覆。玄黄：天地的颜色，代指天地。

主题金句摘用

我寄愁心与明月，随君直到夜郎西。

——李白《闻王昌龄左迁龙标遥有此寄》

有一种黑夜属于甜梦，它用黑色的帘纱挡住了奔波和疲惫；有一种黑夜属于噩魇，它用黑色的回忆唤起了绝望和不安。

所有的人对罪恶都保持沉默，就像那沉默的溶洞，沉默的暗河。即使知道那平静的水面下暗流涌动，也视而不见。

表面上故作轻松，背地里暗潮涌动。

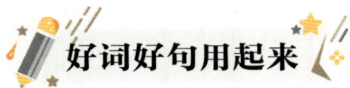

好词好句用起来

七言反对句

❶ 概念：由两个七言句组成，前后两句互为反义。

❷ 好处：适合作为过渡段，是高度概括的场面描写，为下文高潮做铺垫。

❸ 示例

表面上故作轻松，背地里暗潮涌动。

❹ 生用（原封不动，直接引用）

例如写突发状况下人群的反应，引出下文：

面对这一突如其来的状况，大家 _____

_____

❺ 化用（保留"骨骼"，改变"肌肉"）

表面上言笑晏晏，背地里无耻谰言。

表面上 _____，背地里_____。

⑥ 活用（形散意存）

不再限制字数和前三后四的结构，即"形散"，但要保留前后意思相反的内容，即"意存"。

　　黑板前李老师唾沫横飞，座位上同学们昏昏欲睡。

---

⑦ 注意事项

（1）前后两句的最后一个字要押韵。

（2）前后两句的句意要形成明显的转折。

第 **5** 节

情 —— 玉殒

主题语汇积累

黯然　　　　沉静寡言　　不矜而庄　　威仪不肃　　铁石心肠

冷若冰霜　　缄默　　　　歇斯底里　　心如死灰　　玉碎珠沉

字词解释

【不矜而庄】形容不自尊自大而显得庄重。褒义用法。

【威仪不肃】意思是容貌和举止不庄重严肃。贬义用法。

【缄默】闭口不说话。

【歇斯底里】形容情绪异常激动，举止失常。（英文 hysteria）

【玉碎珠沉】意思是美玉破碎，珠宝沉没。比喻美女的死亡。

主题金句摘用

明月皎皎照我床，星汉西流夜未央。

——曹丕《燕歌行》

夜阑卧听风吹雨，铁马冰河入梦来。

——陆游《十一月四日风雨大作》

有的人活着，他已经死了；有的人死了，他还活着。

——臧克家《有的人》

好词好句用起来

远—近—破折号

①概念： 先写远，再写近，最后使用破折号实现对人物认识的递进或转折。

②好处： 适合作为过渡段，是高度概括的人物描写，为下文对"你"的新的认识做铺垫。

③示例

> 远看不矜而庄，近看冷若冰霜，日子久了才揭破你——铁石心肠／菩萨心肠。

④生用（原封不动，直接引用）

例如写对某人的印象：

> 我对你的印象可谓是"一波三折"啊。

_____

⑤化用（保留"骨骼"，改变"肌肉"）

> 远看玉树临风，近看贤良方正，日子久了才揭破你——一事无成。

> 远看_____，近看_____，日子久了才揭破你——_____。

⑥活用（形散意存）

不再使用"远看……近看……日子久了才揭破你……"的严

019

格句式，即"形散"，但要保留"远—近—破折号"的基本结构，即"意存"。

　　远瞧初露锋芒，近观血气方刚，没想到在此千钧一发之时你却——谨慎为上。

_____

_____

❼注意事项

　　（1）此技法通常用于过渡，若为递进，要把握三个词语之间的递进程度；若为转折，则要注意前后的语义变化。

　　（2）使用的三个词语最好押韵，使句子更富节奏感。

第 **6** 节

想

——黑咒

伏地魔　　巫女　　　　哥斯拉　　黑暗魔君　　蝙蝠夜行
极夜　　　诸神黄昏　　巫蛊　　　黑魔法　　　厄瑞玻斯

字词解释

【伏地魔】英国魔幻小说《哈利·波特》中的最终大反派，被认为是有史以来最强大、最危险的黑巫师。

【哥斯拉】电影《哥斯拉》中的怪兽形象，因核辐射异变而进化的远古巨型怪兽。另外，德国有个著名的女巫小镇，有丰富有趣的女巫节活动。这个小镇也被翻译为"哥斯拉"。

【黑暗魔君】英国奇幻小说《魔戒》中的重要人物。

【巫蛊】是古代信仰民俗，即用以加害仇敌的巫术。

【厄瑞玻斯】希腊神话中的创世五神之一，由卡俄斯所生。黑暗的化身与本体，位于大地与冥土之间。

主题金句摘用

想必是被蛊迷惑了心。

这场火，烧尽了空、陆、冥三界的一切，善与恶同归于尽。大地焦黑残破，慢慢地往沸滚的海水中沉下去。世界的末日到了，混沌的黑暗笼罩着宇宙。

——《诸神黄昏》

他的面孔似乎被火烧过，五官模糊，像蜡一样，古怪地扭曲着。眼白似乎永久地充着血……他身上披着一件长长的黑斗篷，脸像肩头的雪花一样白。

——《哈利·波特与混血王子》

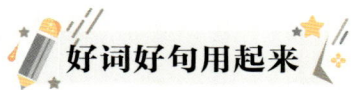

好词好句用起来

同类情绪比喻

❶概念： 使用黑咒类的词来表达阴森恐怖的情绪。

❷好处： 更好地表达情绪，使其具象化。

❸初级用法

直接比喻

我的心一下子就沉了下来，如同是被伏地魔的黑魔法击中，生机渐渐消逝。

我的心一下子就沉了下来，如同是迎来诸神黄昏，万物凋零。

我的心一下子就沉了下来，如同是 _____，
_____。

❹中级用法

加强画面刻画

我的心一下子就沉了下来，如同是巫女驾驭着蝙蝠夜行，遮蔽了仅存的月光。

我的心一下子就沉了下来，如同是＿＿＿＿＿＿＿＿，

＿＿＿＿＿＿＿＿＿＿＿＿＿＿＿＿＿＿＿＿＿＿＿。

❺ 高级用法

使用黑咒类意象表达相反情绪

我的心一下子就振奋起来，犹如是伏地魔彻底被消灭后的霍格沃斯魔法学院，充满胜利的喜悦。

我的心一下子就振奋起来，犹如是诸神的黄昏逝去，翻开新的纪元。

我的心一下子就振奋起来，犹如是皎洁的月光驱散了夜行的蝙蝠，照亮了前行的坦途。

我的心一下子就振奋起来，犹如是＿＿＿＿＿＿＿＿，

＿＿＿＿＿＿＿＿＿＿＿＿＿＿＿＿＿＿＿＿＿＿＿。

❻ 注意事项

（1）黑咒类语汇带有自身较为强烈的感情色彩，所以不适合使用在风格清亮的文章中。

（2）此类比喻由于风格较为独特，使用时要注意适度，不可全篇铺陈。

议

——近墨

黑心钱　　保护伞　　数黑论黄　　泥而不滓　　寻行数墨

爱屋及乌　　墨染芳华　　磨穿铁砚　　乌烟瘴气　　近墨者黑

字词解释

【数黑论黄】形容在背后乱加评论，肆意诽谤别人。贬义用法。近义词：说长道短。

【泥而不滓】染而不黑。比喻洁身自好，不受坏的影响。

【寻行数墨】指只会诵读文句，而不能理解其中的道理。贬义用法。

【墨染芳华】墨染黑了金色年华。形容本该辉煌灿烂的人生或事物，因为某些缘故陨落，变得暗淡，令人叹息。

【磨穿铁砚】把铁铸的砚台都磨穿了。比喻坚持不懈地做事情，也可以指读书用功，有恒心。

主题金句摘用

黑夜给了我黑色的眼睛，我却用它寻找光明。

——顾城《一代人》

卑鄙是卑鄙者的通行证，高尚是高尚者的墓志铭。

——北岛《回答》

没有比较，就显不出长处；没有欣赏的人，乌鸦的歌声也就和云雀一样。要是夜莺在白天杂在聒噪里歌唱，人家绝不以为它比鹩鹩唱得更美。多少事情因为逢到有利的环境，才能达到尽善的境界，博得一声恰当的赞赏。

——莎士比亚

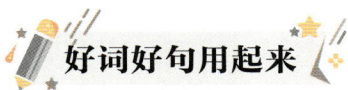
好词好句用起来

颜色正衬

❶ **概念**：在一句话里出现至少两种同一颜色的不同事物以互相衬托，突出某种情感或主题。

❷ **好处**：创造强烈的视觉冲击力，使情感表达更为突出。

❸ **示例**

　　黑夜给了我黑色的眼睛，我却用它寻找光明。

❹ **生用**（原封不动，直接引用）

例如引出下文执着追求者的事例，展开论证：

　　人类历史上，从来就不乏奔月、盗火之类的执着追求光明的人，恰如顾城的诗句：_____

❺ **化用**（保留"骨骼"，改变"肌肉"）

　　黑夜给了我黑色的眼睛，我却用它寻找光明。

　　鲜血染红了飘扬的红旗，我们打着红旗荡尽世间庆气。

　　_____了_____，我（们）_____

_____。

❻ 活用（形散意存）

不再使用"……了……我……"的固定句式，即"形散"，保留两种相同颜色的事物互相衬托的写法，即"意存"。

　　黑色的手提箱里装着他收来的黑心钱。

---

❼ 注意事项

（1）要有两处及两处以上的相同颜色或带有颜色属性的物体出现，达到两重点染的效果；

（2）颜色要和传达的情感、主题相符；

（3）颜色正衬要遵循美学原则，确保营造的色彩画面是生动的、美的。

第 **8** 节

识
—
腐
殖

白山黑水　　黑龙江　　黑土地　　曾母暗沙　　黑水靺鞨
黑海　　　　黑金　　　黑森林　　中世纪　　　黑非洲

字词解释

【白山黑水】指长白山和黑龙江，泛指我国东北地区。

【曾母暗沙】广义上的曾母暗沙是指曾母群沙，它是由曾母礁丘、八仙暗沙和立地暗沙组成的一组群礁，是中国领土的最南端区域。

【中世纪】历史学上通常指封建制时代（主要用于欧洲）。"中世纪"一语出现于欧洲文艺复兴时，意指古典（希腊、罗马）文化期与古典文化"复兴"期之间的时代；约当公元 4、5 世纪至 15 世纪。后被广泛采用并有所发展。今指介于古代奴隶制与近代资本主义之间的时代。一般以公元 476 年西罗马帝国灭亡至 1640 年英国资产阶级革命，为欧洲中世纪之时限。

主题金句摘用

为什么我的眼里常含泪水？因为我对这土地爱得深沉……

——艾青《我爱这土地》

黑龙江水甘美的润泽
抗联鲜血纯净的浸染
黑土地，阔茫茫的黑土地

你强大的魅力

在你亘古长存的绵绵生命里

我爱黑色的土地，刚强的土地

——《我爱黑色的土地》

人的一生是短暂的，但如果卑鄙地过这短暂的一生，那就太长了。

——莎士比亚

这里的汤圆年糕软糯香甜，这里的鱼贝虾蟹个大味鲜，一提到"鱼米之乡"四个字，年少的回忆就立刻浮现眼前。

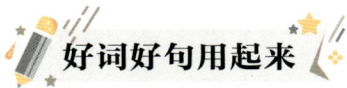

好词好句用起来

回忆故乡 + 地名借代

❶概念：先回忆该地区的两个特定物产，再用一个能够体现某一地区典型特征的借代词语来代替句子中的地名。

❷好处：突出该地区的典型特征，加深读者印象。

❸示例

这里的汤圆年糕软糯香甜，这里的鱼贝虾蟹个大味鲜，一提到"鱼米之乡"四个字，年少的回忆就立刻浮现眼前。

❹生用（原封不动，直接引用）

例如引出下文对故乡的回忆：

时隔多年，我终于回到故乡。

❺ 化用（保留"骨骼"，改变"肌肉"）

这里的汤圆年糕软糯香甜，这里的鱼贝虾蟹个大味鲜，一提到"鱼米之乡"四个字，年少的回忆就立刻浮现眼前。

这里的玫瑰花饼酥脆可口，这里的菌菇蔬菜鲜嫩诱人，一提到"彩云之南"四个字，年少的回忆就立刻浮现眼前。

这里的_____，这里的_____，一提到"_____"四个字，年少的回忆就立刻浮现眼前。

❻ 活用（形散意存）

不再使用"这里的……这里的……"的严格句式，即"形散"，但要保留对地名的借代表达，即"意存"。

鲜嫩的黄辣丁、绵柔的鸭血、爽脆的黄喉……扑面而来的鲜香麻辣瞬间唤醒了我深藏的味蕾记忆。舌品天下，胃知乡愁，我仿佛回到了"天府之国"的美食天堂，仿佛又闻到了儿时街头巷尾弥漫的火锅香气。

❼ 注意事项

（1）要抓住该地区的核心特点，使用恰当的借代名词；

（2）此技法的使用要适度，否则可能造成读者理解上的困难。

第 **9** 节

文
——
点
墨

🪐 主题语汇积累

乌衣巷　　　　子虚乌有　　　挥毫泼墨　　　黑白无常
黑脸张飞　　　水墨丹青　　　胸无点墨　　　暗度陈仓
霜乌　　　　　金乌西坠，玉兔东升

字词解释

【子虚乌有】指假设的、不真实的或不存在的事情。贬义用法。

【黑白无常】是汉族民间文化中的一对神祇，也是最有名的鬼差。此二神手执勾魂锁链，专职缉拿鬼魂、协助赏善罚恶。

【胸无点墨】肚子里没有一点墨水。形容读书太少，没有文化。

【霜乌】指霜天的乌鸦。近义词：寒鸦。

【金乌西坠，玉兔东升】太阳落山，月亮升起。金乌：太阳；玉兔：月亮。

🚀 主题金句摘用

张旭三杯草圣传，脱帽露顶王公前，挥毫落纸如云烟。

——杜甫《饮中八仙歌》

斜阳外，寒鸦数点，流水绕孤村。

——秦观《满庭芳·山抹微云》

蓝脸的窦尔敦，盗御马；红脸的关公，战长沙。黄脸的典韦，白脸的曹操，黑脸的张飞，叫喳喳……

——阎肃《说唱脸谱》

好词好句用起来

妙写时间词

❶概念： 化用古诗词、成语或是神话故事等文化典故来写时间词。

❷好处： 增强文章的画面感和文学美感。

❸示例

> 不知不觉中，金乌西坠，玉兔东升，寒鸦数点，倦鸟归林，快乐的时光永远是如此短暂，夜色悄然降临，我们也该归家了。

❹生用（原封不动，直接引用）

例如用在文章末尾来收束叙事：

> 我们尚沉浸在集体游戏的欢乐中。

_____

❺化用（保留"骨骼"，改变"肌肉"）

> 不知不觉中，金乌西坠，玉兔东升，寒鸦数点，倦鸟归林，快乐的时光永远是如此短暂，夜色悄然降临，我们也该归家了。

> 不知不觉中，朝霞映日，晨光初露，雄鸡报晓，鸟鸣

声声，忍受着严寒、困倦，我们在山顶的静静等候终于有了回报，在日出的光辉下，我们重新启程。

不知不觉中，_____

_____

_____，我们_____。

6 活用（形散意存）

不再使用"不知不觉中……我们……"的严格句式，即"形散"，但要保留通过化用诗词、成语等典故带来的美感，即"意存"。

西风送残照，落日孤云还。妈妈的呼唤声远远传来，温柔而熟悉，我回应着妈妈的呼唤，踏上了归家的路途。

_____

_____

7 注意事项

（1）通过化用诗词、成语等典故妙写时间词，时间词就带有了意象和情感，要注意保持与句子本身的意境相符；

（2）此技法的使用要适度，最好不要连续使用超过四个。

专

——黑洞

黑匣子　　太阳黑子　黑死病　　　黑客　　　　　黑色金属
黑胶唱片　黑色幽默　黑色星期五　黑天鹅事件　雾都

字词解释

【黑匣子】一般指飞行数据记录仪，或飞行参数记录器。通常为橙红色。

【太阳黑子】指太阳的光球表面有时会出现一些暗的区域，它是磁场聚集的地方。

【黑色幽默】在戏剧或文学作品中，以夸张和讽刺的笔触，运用怪诞的想象和错乱的情节使之流露出嘲讽现实的灰暗幽默意味。也是一种用喜剧形式表现悲剧内容的文学方法。

【黑色星期五】在民俗星象学上星期五和数字13都代表着坏运气，两个不幸的日期如果重叠，就会被认为是很不好的一天。只要任何一个月的13日又恰逢是星期五，这个日期就被称作"黑色星期五"。一般来说，一个月的第一天是星期天，那么这个月就会有黑色星期五。

【黑天鹅事件】一般指难以预测，但突然发生时会引起连锁反应、带来巨大影响(一般是负面)的小概率事件。比如美国"9·11"事件、新冠肺炎等。

主题金句摘用

　　黑色金属主要指铁及其合金，如钢、生铁、铁合金、铸铁等。黑色金属以外的金属称为有色金属。黑色金属有三种：铁、锰、铬。但其实它们三个都不是黑色的。纯铁是银白色的，铬是银白色的，锰是灰白色的。因为铁的表面常常生锈，盖着一层黑色的四氧化三铁与棕褐色的氧化铁的混合物，看上去就是黑色的。所以人们称之为"黑色金属"。

行人在街上走着走着突然倒地而亡；待在家里的人孤独地死去，在尸臭被人闻到前，无人知晓；每天、每小时大批尸体被运到城外；奶牛在城里的大街上乱逛，却见不到人的踪影……

——薄伽丘《十日谈》

我们头上没有太阳，一直都是夜晚。但是却不觉得黑暗，我觉得自己需要夜晚，这样才能让我生存下去。

——东野圭吾《白夜行》

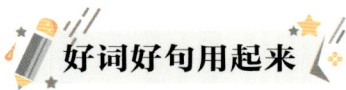

好词好句用起来

文学性下定义

1 **概念：** 用文学性的写作方式来给一个科学名词下定义。

2 **好处：** 兼顾丰富的文学写作和严谨的科学定义，使文章新颖有趣。

3 **示例**

人生中，总有很多不期而至的痛苦际遇，让一片繁荣毁于一夕，让高歌猛进戛然而止，这种痛苦际遇一般被称为：黑天鹅事件。

4 生用（原封不动，直接引用）

例如用在记叙文开头以引出下文：

_____

_____

而今天，不幸的我恰恰遇到了这么一件黑天鹅事件。

5 化用（保留"骨骼"，改变"肌肉"）

　　人生中，总有很多不期而至的痛苦际遇，让一片繁荣毁于一旦，让高歌猛进戛然而止，这种痛苦际遇一般被称为：黑天鹅事件。

　　有一个盒子，能左右人类的命运。按下这盒子的开关，能让世界陷入末日的狂乱；按下这盒子的开关，能让人类文明戛然而止；按下这盒子的开关，能让千万家庭支离破碎。这个盒子一般被称为：核黑匣子。

_____

_____

_____

_____。这_____一般被称为:_____。

6 活用（形散意存）

不再使用"这……一般被称为……"的严格句式，即"形散"，但要保留对科学定义的文学性写作，即"意存"。

　　在生命的长河里，处处都有"蝴蝶效应"。总有些微小

的变动，其影响力却能如同涟漪般扩散。一次偶然的人生选择，就可能改变我们的命运轨迹。

_____

_____

_____

❼ 注意事项

（1）常用于记叙文的开头，用以引出下文；

（2）对科学名词的文学性写作不能与该名词的意思相悖。

鲸·跃·蓝

第②章

（一〇〇）

景
——
碧落

天蓝草碧　　淡霭　　轻云出岫　　南沙蓝　　天穹

湛蓝　　　　巨壑　　朝夕池　　　碧落　　　马赛蓝

字词解释

【轻云出岫】轻薄的云从山上飘起。

【南沙蓝】指广州市南沙新区所呈现的天蓝、树绿、海蓝的景象。

【巨壑】巨大的沟壑。形容大海。

【朝夕池】因为大海有早晚潮汐，所以古人将大海称为"朝夕池"。

【碧落】蓝色停留的地方，指天空。

主题金句摘用

是天映蓝了海，还是海染蓝了天？

看吧，由澄清的河水慢慢往上看吧，空中，半空中，天上，自上而下全是那么清亮，那么蓝汪汪的，整个的是块空灵的蓝水晶。

——老舍《济南的冬天》

如果大海能够带走我的哀愁，就像带走每条河流。所有受过的伤，所有流过的泪，我的爱，请全部带走。

——《大海》陈大力作词，张雨生演唱

色彩正衬

1 概念：用两个颜色相同的事物之间的相似条件相互衬托。

2 好处：使事物的色彩特征显得更加突出和形象，增强情景感染力。

3 示例

是天映蓝了海，还是海染蓝了天？

4 生用（原封不动，直接引用）

例如写大海：

　　当我人生中第一次站在海边，望着这铺天盖地的蓝色，

我的内心不禁感慨：＿＿＿＿＿＿＿＿＿＿＿＿＿＿＿＿＿

＿＿＿＿＿＿＿＿＿＿＿＿＿＿＿＿＿＿＿＿＿＿＿＿＿＿＿

5 化用（保留"骨骼"，改变"肌肉"）

是天映蓝了海，还是海染蓝了天？

是晚霞映红了花海，还是花海染红了晚霞？

是＿＿＿＿映＿＿＿＿了＿＿＿＿，还是＿＿＿＿染＿＿＿＿了＿＿＿＿？

6 活用（形散意存）

不再使用"是……还是……"的固定句式，即"形散"，重点把握色彩特征和正衬的技法，即"意存"。

　　她的蓝色眼眸中泛起泪花，如同涌向沙滩的海浪。

_____

_____

7 注意事项

（1）句子中至少有两个对应事物，才能构成衬托；

（2）选择的颜色应尽量和句子包含的情感契合。

物
—
丝绒

宝石蓝　　　蓝色空间号　　蓝星　　　蓝鲸　　　蓝色妖姬

帕帕拉恰　　蓝皮书　　　　蓝丝绒　　多瑙河　　知更鸟

字词解释

【蓝色空间号】《三体》中的一艘人类太空战舰。

【蓝星】指地球。因为地球表面的大部分被海洋覆盖，所以从宇宙中看，地球是一颗蓝色星球。

【帕帕拉恰】又叫帕德玛刚玉，是一种主要分布在斯里兰卡的由明显浅色到中等色调的微粉红色至橙色到粉红至橙红的蓝宝石。

【蓝皮书】一种政府发表的文件，用蓝色封皮。

主题金句摘用

拨开天空的乌云，像蓝丝绒一样美丽。

——《爱就一个字》陈家丽作词，张信哲演唱

一头扎进作业堆，开始在蓝色多"恼"河里游泳。

南吾罗娜披上那五光十色、灿烂夺目的孔雀氅，又一次婀娜地、轻盈地、优雅地翩翩起舞，舞姿中充满了和平，充满了对人世的爱，焕发出圣洁的光芒。

——傣族民间故事《孔雀公主》

如果要给科学幻想染上一种颜色，我会选择蓝色。《三体》中的蓝色空间号是无望的暗蓝，《海底两万里》里鹦鹉螺号潜进的海底是深邃的碧蓝，《蓝宝石之谜》里兰莉娅身上佩戴的宝石是冷冽的丝绒蓝……

好词好句用起来

色彩排比

1️⃣ **概念**：通过排比句式描述同一颜色在同一主题下的不同表现形式和象征意义，突出该颜色的多重意义和情感联想，以具体阐释主题。

2️⃣ **好处**：颜色拓展了读者的想象空间，增加了语言的感染力。借助颜色将主题具体化，易于使读者产生画面感。

3️⃣ **示例**

如果要给科学幻想（A）染上一种颜色，我会选择蓝色（B）。《三体》中的蓝色空间号是无望的暗蓝，《海底两万里》里鹦鹉螺号潜进的海底是深邃的碧蓝，《蓝宝石之谜》里兰莉娅身上佩戴的宝石是冷冽的丝绒蓝……

4️⃣ **生用**（原封不动，直接引用）

例如介绍文学作品：

你知道吗？文学作品也是有颜色的。

_____

_____

_____

5 化用（保留"骨骼"，改变"肌肉"）

　　如果要给科学幻想（A）染上一种颜色，我会选择蓝色（B）。《三体》中的蓝色空间号是无望的暗蓝，《海底两万里》里鹦鹉螺号潜进的海底是深邃的碧蓝，《蓝宝石之谜》里兰莉娅身上佩戴的宝石是冷冽的丝绒蓝……

　　如果要给儿童文学（A）染上一种颜色，我会选择绿色（B）。《绿野仙踪》中的翡翠城是神秘的魔法绿，《小王子》里玫瑰园是成长的生机绿，《格列佛游记》里大人国的草地是和平的宁静绿……

　　如果要给＿＿＿＿＿＿＿（A）染上一种颜色，我会选择＿＿＿＿色（B）。＿＿＿＿＿＿＿中的＿＿＿＿＿是＿＿＿＿的＿＿＿＿＿，＿＿＿＿＿里＿＿＿＿是＿＿＿的＿＿＿＿＿，＿＿＿＿＿里＿＿＿是＿＿＿的＿＿＿＿……

6 活用（形散意存）

不再使用"如果要给……染上一种颜色，我会选择……"的句式，即"形散"，但要保留排比的结构和色彩的主线，即"意存"。

　　中国年是红色的。大门口迎游子归乡的灯笼是满怀期待的团圆红，窗户上年年有余的剪纸是憧憬未来的喜庆红，枕头下压祟驱邪的红包是塞满祝福的平安红。

7 注意事项

（1）要包含三句或三句以上相同结构的句子，构成排比；

（2）举的例子都要属于 A 的范畴，且带有 B 的元素；

（3）最后一个例子要能带动最充沛最绵长的情感；

（4）这个写法可以用在作文的开头、结尾或其他带有总结性质的位置。

人
——
形
单

海魂衫　　沧海遗珠　　蓝田生玉　　水蓝眼眸　　形单影只

蓝采和　　隐逸　　　　遗世独立　　羽化登仙　　青出于蓝

字词解释

【形单影只】只有自己的身体和自己的影子。形容孤独，没有同伴。

【遗世独立】遗弃世间之事。脱离社会独立生活，不跟任何人往来，形容一种孤独的状态。

【羽化登仙】人得道而飞升成仙。形容人远离尘嚣，飘洒如临仙境。

主题金句摘用

多少年来，海魂衫依然紧贴我身，披挂我命脉，与我的热血一起澎湃。

——陈俨《致世间唯一的海魂衫》

青，取之于蓝，而青于蓝；冰，水为之，而寒于水。

——荀子《劝学》

阅读是一种孤独。几个人共看一本书，那只是在极小的时候争抢连环画。它同看电影看录像听音乐会是那样的不同。前者是一块巨大的生日蛋糕可以美味地共享，后者只是孤灯下的一盏清茶，只可独啜，倾听一个遥远的灵魂对你一个人的窃窃私语。

——毕淑敏《阅读是一种孤独》

情到深处人孤独

①概念：用具体事物描述深深沉浸在一种行为或情感中的感受，体现其中的孤独感。

②好处：使情感体验更为具象化，增强读者代入感与画面感。

③示例

　　读到深处时，就像细品孤灯下的一盏清茶，也似倾听一个遥远灵魂的窃窃私语。

④生用（原封不动，直接引用）

例如写读书：

　　　阅读是一种孤独，我从中获得安宁。

　　＿＿＿＿＿＿＿＿＿＿＿＿＿＿＿＿＿＿＿＿＿＿＿＿＿＿＿

⑤化用（保留"骨骼"，改变"肌肉"）

　　读到深处时，就像细品孤灯下的一盏清茶，也似倾听一个遥远灵魂的窃窃私语。

　　想念到深处时，就像眺望千里之外熟悉却渺茫的身影，也似独饮一壶烧心的苦酒。

　　＿＿＿＿＿到深处时，就像＿＿＿＿＿＿＿的＿＿＿＿＿＿，也似＿＿＿＿＿＿＿的＿＿＿＿＿＿＿＿＿＿。

6 活用（形散意存）

不拘泥于"……到深处时，就像……"的固定句式，即"形散"，但要保留行为发展到深处时的孤独感，即"意存"。

　　她的蓝色眼眸中泛起泪花，如同涌向沙滩的海浪。

_____

_____

7 注意事项

（1）句子中至少有两个对应事物，才能构成衬托；

（2）选择的颜色应尽量和句子包含的情感契合。

事

——

远航

海岛漂流　　　　加勒比海盗　　　　像一次远航
海豚般的天籁　　大洋上的绿洲　　　华丽的游轮
追光的鲸　　　　惜别的海岸　　　　泥牛入海　　　无人岛

字词解释

【加勒比海盗】指 1715 年到 1718 年之间加勒比海附近的海盗组织，通常通过偷袭、抢劫过往船只的货物来生存。

【大洋上的绿洲】指航行在大洋上的游轮。

【泥牛入海】泥做的牛一到海里就会化掉。比喻一去不复返。

主题金句摘用

如鲸向海，似鸟投林。

在这一人航海的浩瀚大海中，理想是罗盘，热情是疾风。

航海者虽比观望者要冒更大的风险，但却有希望到达彼岸。

物归本源

❶ 概念：通过描写动物回到熟悉场景时快乐、自由的状态表达人的回归感。

❷ 好处：用动物的感情和动作来设喻，使人的感情更生动形象地展现出来。

❸ 示例

如鲸向海，似鸟投林。

❹ 生用（原封不动，直接引用）

例如表达更开心、更有回归感、更自由的状态：

母亲终于同意我重回校篮球队，我久违的活力又回到身体里：

❺ 化用（保留"骨骼"，改变"肌肉"）

如鲸向海，似鸟投林。

如燕还巢，似鱼归渊。

如_____，似_____。

❻ 活用（形散意存）

不再使用"如……似……"的严格对仗句式，即"形散"，但要保留意象的回归感和自由感，即"意存"。

当我回归舞台，看到观众期待的眼神，那种感觉就如同刚刚成年的北极熊再次踏上冰封的海面，又像雄健的羚羊重新登上嶙峋的峭岩。

_____

_____

_____

7 注意事项

（1）要选择合适的动物及其所在的场景；

（2）这种场景要能体现出动物的回归感和更加自由快乐的状态。

情
——
海恋

海的女儿　　　致大海　　　被海涛埋葬　　　海之恋

海洋之心　　　海的低吟　　　轻吟的海风　　　海鸟的咏唱

魂断蓝桥　　　海内存知己

字词解释

【海洋之心】指电影《泰坦尼克号》中的一串钻石项链，是女主人公露丝的未婚夫卡尔送给她的。

【魂断蓝桥】蓝桥是古代传说中男女相会的地方。魂断蓝桥指相爱的男女不能在一起。

【海内存知己】出自王勃《送杜少府之任蜀州》"海内存知己，天涯若比邻"，意思是四海之内只要存有知心朋友，即使远在天边也同近邻一样。

主题金句摘用

林深时见鹿，海蓝时见鲸，梦醒时见你。

窗外是海的调色盘，海风是寄来温柔的明信片。

在回忆里，总有一片湛蓝的海洋，那是青春的颜色，是梦想的起点。

二一排比

❶概念：以两个普遍现象加一个抒情对象为基本结构的排比句式。

❷好处：渲染氛围，自然引出情感，并通过层层递进增强感染力。

❸示例

林深时见鹿，海蓝时见鲸，梦醒时见你。

❹生用（原封不动，直接引用）

例如写想念童年玩伴：

_____在山村初醒的清晨，

我又想起了我童年的玩伴。

❺化用（保留"骨骼"，改变"肌肉"）

暮沉时见月，花放时见蝶，抬头时见你。

_____时见_____，_____时见_____，_____时

见_____。

❻活用（形散意存）

不再使用"……时见……，……时见……，……时见……"的严格对仗句式，即"形散"，但要保留先写两个普遍现象，再写一个抒情对象的方式，即"意存"。

远去的飞鸟挂念旧巢，飘落的雪花难忘自己在山巅的自豪，出门来到欧洲游学的我时时惦记身体抱恙的姥姥。

_____

_____

❼注意事项

（1）此技法可用于开篇或衔接过渡段；

（2）把握"二一"的比重，不然会导致句子失衡；

（3）以排比句式呈现时，一方面要注意内容之间的内部联系，另一方面也要力求表达的丰富多彩。

第 **6** 节

想

——方舟

未来水世界　　冰川入海　　寒冰纪元　　亚特兰蒂斯
桑田变沧海　　诺亚方舟　　万里汪洋　　滔天巨浪
蓝色废都　　　陆地消亡

字词解释

【未来水世界】一部科幻动作电影。该片讲述了地球两极冰川大量消融，地球成了一片汪洋，人们只能在水上生活的故事。

【亚特兰蒂斯】又译阿特兰蒂斯，又称大西洲、大西国，是传说中大西洋上的一片陆地或一座岛屿，拥有高度文明。

【诺亚方舟】根据《圣经》记载，此船是诺亚依据神的嘱托而建造的一艘巨大船只，建造的目的是让诺亚与他的家人，以及世界上的各种陆上生物能够免受一场洪水的侵袭。

主题金句摘用

地球被洪水淹没，海平面上只剩下了珠穆朗玛峰，在珠峰的灯塔上，最后的人类依然在守候。人类的文明再次来到岔路口。

在未来水世界，大海取代土地成为我故乡，巨浪的呼唤给我无穷力量。我长出鳃和鳍，在海洋中雄壮、狂放。

大海有崖岸，热烈的爱却没有边界。

虚实边界

❶ 概念：通过对比实物的具体边界和情感的没有边界，描绘热爱、执着等情感的深沉与强烈。

❷ 好处：化抽象为具体，体现情感的深切，也更易于读者理解。

❸ 示例

大海有崖岸，热烈的爱却没有边界。

❹ 生用（原封不动，直接引用）

例如表达情感的真切和深沉：

哀哀父母，生我劬劳。正是父母的爱让我意识到：

_____

❺ 化用（保留"骨骼"，改变"肌肉"）

大海有崖岸，热烈的爱却没有边界。

国土有疆界，对文学的热爱却没有边界。

_____有_____，_____却没有边界。

❻ 活用（形散意存）

不再使用"……有……却没有边界"的严格句式，即"形散"，但要保留边界的虚实相衬，即"意存"。

即使是珠穆朗玛峰这样的山巅也能被征服，对知识的渴求却如江河永不停歇。

_____

_____

7 注意事项

（1）前者是实在的、实体的，后半句则是抽象的、非实体的，二者虚实对比；

（2）此技法的使用须结合上下文，要确保语境中传达的情感是真挚、自然的，否则此技法可能脱离语境；

（3）此技法多用于文段或全文内容的总结，以此结尾有余韵悠长的效果。

议

——哲思

圣托里尼蓝　爱琴海　　巴尔干　　　　形而上　　自由意志
苏格拉底　　柏拉图　　亚里士多德　理想国　　原子唯物论

字词解释

【巴尔干】指巴尔干半岛，南欧三大半岛之一，位于欧洲的东南隅亚得里亚海和黑海之间。

【形而上】意思是未成形的东西，这里指自然世界的规律。

【理想国】即《理想国》，古希腊哲学家柏拉图创作的哲学对话体著作。全书主要论述了柏拉图心中理想国的构建、治理和正义，主题是关于国家的管理。

【原子唯物论】古希腊哲学家留基伯和德谟克里特创立的学说。他们提出，世界万物由原子构成，原子是不可再分的物质微粒。

主题金句摘用

形而上者谓之道，形而下者谓之器。

——《周易·系辞上》

为什么要研究哲学？一个简单的回答是：我们之所以研究哲学，是因为在我们随身携带的精神行装中，就已经包括了哲学。

——奎纳尔·希尔贝克，尼尔斯·吉列尔
《西方哲学史：从古希腊到当下》

必须抵制那些用美味诱惑你的食物，如果肚子不饿还吃东西，不渴却喝饮料，会让你的头脑和灵魂堕落。

——苏格拉底

 **好词好句用起来**

在梦里

❶ 概念： 以梦为媒介引出怀念回忆的画面。

❷ 好处： 以抽象概念引出具体事物，用于怀念令人动情的回忆画面，使抽象事物具体可感。

❸ 示例

在哲学的梦里，我见到了苏格拉底；在文学的梦里，我见到了李太白、白乐天；在音乐的梦里，我见到了柴可夫斯基。

❹ 生用（原封不动，直接引用）

年少时的我总是徜徉在五彩斑斓的梦里。

❺ 化用（保留"骨骼"，改变"肌肉"）

在哲学的梦里，我见到了苏格拉底；在文学的梦里，我见到了李太白、白乐天；在音乐的梦里，我见到了柴可夫斯基。

在春天的梦里，我见到了青蛙；在夏天的梦里，我见到了晚霞；在秋天的梦里，我见到了寒鸦；在冬天的梦里，我见到了冰花。

在＿＿＿＿＿＿＿的梦里，我见到了＿＿＿＿＿＿＿；在＿＿＿＿＿的梦里，我见到了＿＿＿＿＿；在＿＿＿＿＿的梦里，我见到了＿＿＿＿＿；在＿＿＿＿＿＿的梦里，我见到了＿＿＿＿＿。

6 活用（形散意存）

不再使用"在……的梦里，我见到了……"的严格句式，即"形散"，但要保留"在……的梦里"作为引入场景，同时虚实结合，即"意存"。

在范仲淹的梦里，童年是一碗凉透的米粥；在李清照的梦里，童年是一片茂密的荷藕；在狄更斯的梦里，童年是一瓶廉价的鞋油。

＿＿＿＿＿＿＿＿＿＿＿＿＿＿＿＿＿＿＿＿＿＿

＿＿＿＿＿＿＿＿＿＿＿＿＿＿＿＿＿＿＿＿＿＿

＿＿＿＿＿＿＿＿＿＿＿＿＿＿＿＿＿＿＿＿＿＿

7 注意事项

（1）注意虚实结合，以抽象概念引出具体描写；

（2）"梦"的情感可以是多样的，但"梦"中的场景理应是回忆性的；

（3）三个句子的末尾应该押韵。

识
——
蓝
图

主题语汇积累

景泰蓝　　伽蓝　　蓝牙　　鲸落　　蒂芙尼蓝

蓝图　　布鲁斯　　可燃冰　　板蓝根　　蓝鳍金枪鱼

字词解释

【景泰蓝】正名"铜胎掐丝珐琅"，俗名"珐蓝"，又称"嵌珐琅"，是一种在铜质的胎型上，用柔软的扁铜丝，掐成各种花纹焊上，然后把珐琅质的彩釉填充在花纹内烧制而成的器物。明代景泰年间在北京开始大量制造，珐琅彩釉多用蓝色，所以叫景泰蓝。

【伽蓝】僧众共住的庭院，即寺院。

【鲸落】鲸鱼死去后沉入海底的现象。一具鲸的尸体可以供养一套以分解者为主的循环系统长达百年。

主题金句摘用

一鲸落，万物生。

洪炉烈火，洪焰翕赫；烟未及黔，焰不假碧。

——孙思邈《四言诗》

雨纷纷，旧故里草木深。我听闻，你始终一个人。斑驳的城门，盘踞着老树根，石板上回荡的是再等。雨纷纷，旧故里草木深。我听闻，你仍守着孤城。城郊牧笛声，落在那座野村，缘分落地生根是我们。伽蓝寺听雨声盼永恒。

——《烟花易冷》方文山作词，周杰伦演唱

视听结合

1 概念：由眼前的实际场景自然过渡到对过往场景的回忆。

2 好处：同时激发视觉和听觉，使心理描写和人物的精神世界更加立体。

3 示例

　　斑驳的城门，盘踞着老树根，石板上回荡的是再等。

4 生用（原封不动，直接引用）

例如表达怅然若失的心境：

　　　信步走在青石板铺就的街道上，我仿佛穿越时空，置身于千年之前：＿＿＿＿＿＿＿＿＿＿＿＿＿＿

5 化用（保留"骨骼"，改变"肌肉"）

　　斑驳的城门，盘踞着老树根，石板上回荡的是再等。

　　手里捧的是你送我的红色围巾，耳边回荡的是你说的再见。

　　＿＿＿＿＿＿＿＿＿＿＿，＿＿＿＿回荡的是＿＿＿＿＿＿＿。

6 活用（形散意存）

不再使用"……回荡的是……"的严格句式，即"形散"，但要保留通过想象让过往场景再现带来的怅然若失的感慨，即"意存"。

在离家的列车上，我打开妈妈妥帖放好的饭盒，看着热气升腾的元宵，好像分别时那一句"在外多保重"的叮嘱又在我的耳边响起。

_____

_____

_____

❼注意事项

（1）前半句是实写眼前场景，后半句是由眼前场景延伸而来的想象，虚实结合；

（2）此技法可用于文段开头，用以引出下文叙事、抒情。

第9节

文——青花

朱蓝　　　　　蓝尾酒　　　荆蓝　　　　蓝衫　　　　镶蓝旗

鬼谷子下山　　青花瓷　　　窦尔敦　　　蟒袍　　　　晴山蓝

字词解释

【朱蓝】朱色和蓝色。比喻不同的艺术流派。

【蓝尾酒】又作"婪尾酒"，唐代称宴饮时巡酒至末座为"婪尾"。

【荆蓝】荆山、蓝田山的并称，这两个地方都出产美玉。

【蓝衫】古代八品、九品小官所穿的衣服。

【青花瓷】又称白地青花瓷，常简称青花，是中国瓷器的主流品种之一，属釉下彩瓷。青花瓷是以含氧化钴的钴矿为原料，在陶瓷坯体上描绘纹饰，再罩上一层透明釉，经高温还原焰一次烧成。

主题金句摘用

岁盏后推蓝尾酒，春盘先劝胶牙饧。

——白居易《岁日家宴戏示弟侄等 兼呈张侍御二十八丈》

云横秦岭家何在，雪拥蓝关马不前。

——韩愈《左迁至蓝关示侄孙湘》

天青色等烟雨，而我在等你。炊烟袅袅升起，隔江千万里。在瓶底书汉隶仿前朝的飘逸，就当我为遇见你伏笔。天青色等烟雨，而我在等你。月色被打捞起，晕开了结局。如传世的青花瓷自顾自美丽，你眼带笑意。

——《青花瓷》方文山作词，周杰伦演唱

好词好句用起来

文白对偶

1 概念：以白话文构成类似文言格式的对偶。

2 好处：使散句具有节奏感，以达到雅致或诙谐的目的。

3 示例

拳打肯德基，脚踢麦当劳。

4 生用（原封不动，直接引用）

我妈妈做的牛肉汉堡，那真是——

5 化用（保留"骨骼"，改变"肌肉"）

我妈妈做的牛肉汉堡，那真是——拳打肯德基，脚踢麦当劳。

周子涵对这次比赛势在必得，扬言要拳打王小明，脚踢李大强。

_____，_____拳打_____，脚踢_____。

6 活用（形散意存）

不再限制使用"拳打……脚踢……"的组合，即"形散"，但要保留文白对偶的格式，即"意存"。

> 波斯湾 C 罗止步，卢赛尔梅西封王。

---

7 注意事项

（1）注意上下句词性、内容、结构的对仗；

（2）注意用词不能过于古典，否则就失去了诙谐的感觉。因此用词要偏现代化。

专 —— 未来

蓝田猿人　　　　孔雀蓝　　　毕加索蓝色时期　　蓝巨星

防眩目无蓝光　　蓝海市场　　天蓝北极狐　　　　羽衣甘蓝

蓝盾系统　　　　蓝水航母舰队

字词解释

【孔雀蓝】瓷器釉色之一，又称"法蓝"。孔雀蓝瓷器是以铜元素为着色剂，烧制后呈现亮蓝色调的低温彩釉。

【毕加索蓝色时期】毕加索在他 1901 年到 1904 年期间的画作中大面积地使用蓝色，这一时期被称为毕加索的"蓝色时期"。

【蓝盾系统】一种安装在战斗机上，用于夜间作战的低空导航和捕获目标、跟踪目标的综合系统。

🚀 主题金句摘用 ✨

今生过去种，未来今日修。只取今日美，不畏来生忧。

——寒山《诗三百三首》

过去属于死神，未来属于你自己。

——雪莱《西风颂》

未来将属于两种人：思想的人和劳动的人。实际上这两种人是一种人，因为思想也是劳动。

——雨果

我要用手指那涌向天边的排浪，我要用手掌那托住太阳的大海，摇曳着曙光那支温暖漂亮的笔杆，用孩子的笔体写下：相信未来。

——食指《相信未来》

好词好句用起来

从句比喻

❶ 概念：在一个短句中，用短语做喻体，后置形容前面的本体的句法。

❷ 好处：在一个长句里容纳至少两个比喻句，保持句子的气势或逻辑，增强表达效果。

❸ 示例

我要用手指那涌向天边的排浪，我要用手掌那托住太阳的大海，摇曳着曙光那支温暖漂亮的笔杆，用孩子的笔体写下：相信未来。

❹ 生用（原封不动，直接引用）

例如表达在逆境中继续坚持的意志：

在面对生活的逆境时，我知道我不会屈服。

_____

❺ 化用（保留"骨骼"，改变"肌肉"）

我要用手指那涌向天边的排浪，我要用手掌那托住太阳的大海，摇曳着曙光那支温暖漂亮的笔杆，用孩子的笔体写下：相信未来。

我要用双脚那承载梦想的小船，我要用双腿那带来动力的桅杆，驶出属于我的人生航路。

_____那_____的_____，_____那_____的_____，_____。

6 活用（形散意存）

不再使用"……那……的……"的严格句式，即"形散"，但要保留从句比喻的技法及其带来的连贯感，即"意存"。

我要用双脚去征服山峰这无限凶猛的巨兽，我要用双手去摘取冠军这高悬碧空的皓月，不仅如此，我还要用双眼去直视苦难这一望无底的深渊。

_____

_____

_____

7 注意事项

（1）使用一些过渡性的词语或短语来加强比喻从句与主句之间的衔接，如"那""这"；

（2）此技法逻辑连贯，气势较强，多用在意气风发、斗志昂扬的语境中；

（3）此技法在使用时要注意保持句子的通畅和表意的完整。

羞·颊·粉

第③章

（ ´ ▽ ` ）

景
——
粉春

粉红云霞　　　　粉妆玉砌　　　洋红　　　　樱花雨

粉蝶　　　　　　粉嫩　　　　　粉扑扑　　　春光潋滟

富士山下看樱花　桃月

字词解释

【粉妆玉砌】用白粉装饰，用白玉砌成。形容雪景及人皮肤白嫩。

【桃月】指农历三月，又称晚春、暮春、季春、蚕月。

主题金句摘用

霜禽欲下先偷眼，粉蝶如知合断魂。

——林逋《山园小梅》

桃花一簇开无主，可爱深红爱浅红？

——杜甫《江畔独步寻花》

　　江南的小镇不像北方的城市，譬如北京，张扬着一种高贵的金色，天津是洋气的灰色。而江南，特别是三月的江南，处处洋溢着粉色的气息。金色的过于辉煌，灰色的过于单调，江南的粉，自有的温软与安逸。抬头看来，弥漫长空的灰白浮云，遮断了青天，好像一座帐篷，把整个荒原当作了它的地席。

——王统照《青岛素描》

盼望着，盼望着，东风来了，春天的脚步近了。

——朱自清《春》

桃树、杏树、梨树，你不让我，我不让你，都开满了花赶趟儿。红的像火，粉的像霞，白的像雪。花里带着甜味儿；闭了眼，树上仿佛已经满是桃儿、杏儿、梨儿。花下成千成百的蜜蜂嗡嗡地闹着，大小的蝴蝶飞来飞去。野花遍地是：杂样儿，有名字的，没名字的，散在草丛里，像眼睛，像星星，还眨呀眨的。

——朱自清《春》

好词好句用起来

反复

1 概念：反复，是根据表达需要，有意让句子或词语重复出现的修辞方法。

2 好处：强化表意，突出情感。

3 示例

盼望着，盼望着，东风来了，春天的脚步近了。

4 生用

　　经过一个漫长寒冷的冬季后，_____

5 仿写

　　盼望着，盼望着，腊八来了，年的脚步近了。

　　盼望着，盼望着，_____

6 注意事项

　　（1）完全相同的词语在重复时不宜过多，两到三个为佳，过多则显得节奏冗余拖沓；

　　（2）"着"作为结尾具有进行感，此外轻声词延续了前一个词的声调，前一个词为四声更富感情，更有延续感。

比喻连用

1 概念：三个比喻修辞格连着使用，并组成排比句。

2 好处：增强文字的生动性和画面感，更使文章朗朗上口，富有气势。

3 示例

　　红的像火，粉的像霞，白的像雪。

4 生用

　　春风拂过的时候，满园春花的生机就被唤醒了，

_____

5 仿写

　　青的如玉，翠的似松，金的赛晖。

_____

❻ 注意事项

（1）当比喻的句子较短时，尽量使用不同的比喻词来增加句子的丰富度，单字如"似、若、赛"，双字如"宛如、好比、仿佛"等；

（2）由于比喻连用的呈现形式多为排比，所以也需注意不宜过多。

物

——玉壶

蟠桃　　　千瓣桃红花　　三月桃花水　　桃红柳绿　　妖冶

桃之夭夭　蓓蕾　　　　含苞欲放　　　莲瓣粉　　　胭脂奁

字词解释

【妖冶】妖媚而不庄重。

【桃之夭夭】比喻事物的繁荣兴盛。

【蓓蕾】没开的花，花骨朵儿。

【胭脂奁】化妆盒。

主题金句摘用

桃之夭夭，灼灼其华。

——《诗经·桃夭》

柳树垂青，春草萋萋，村中的桃花正在怒放。宝琛说陆家的霉运就是从当年陆老爷移种桃花开始的，它的颜色和香味都有一股妖气。到了梦雨飘瓦，灵风息息的清明前后，连井水都有一股甜丝丝的桃花味。

——格非《人面桃花》

燕子去了，有再来的时候；杨柳枯了，有再青的时候；桃花谢了，有再开的时候。但是，聪明的，你告诉我，我们的日子为什么一去不复返呢？

——朱自清《匆匆》

　　桃花，那一树的嫣红，像是春说的一句话；朵朵露凝的娇艳，是一些玲珑的字眼，一瓣瓣的光致，又是些柔的匀的吐息；含着笑，在有意无意间，生姿的顾盼。看——那一颤动在微风里，她又留下，淡淡的，在三月的薄唇边，一瞥，一瞥多情的痕迹！

——林徽因《一首桃花》

好词好句用起来

妙用量词

❶ 概念： 使用看似与所描写事物不匹配的量词以丰富表达效果。

❷ 好处： 打破传统局限性，使事物的形态更富多样性，丰富读者想象空间。

❸ 示例

　　一首桃花

❹ 生用（原封不动，直接引用）

　　寒冬过后的暖阳宛如一位技法高超的春意谱曲师，在我家庭院的角落谱出了＿＿＿＿＿＿＿＿＿＿＿＿＿＿＿＿＿。

⑤ 化用（保留"骨骼"，改变"肌肉"）

晨光初绽，一首春风如智者轻语，浅吟低唱间，引领万物复苏。

_____首_____

_____

⑥ 活用（形散意存）

不再使用"首"作为量词，即"形散"，但保留"不完全匹配"的量词妙用感，即"意存"。

江南无所有，聊赠一枝春。（陆凯《赠范晔》）

在这如水的夜色中，我捧起一掌月光，任泪水洒落襟上。

_____

_____

⑦ 注意事项

（1）量词的意涵是丰富多样的，在妙用时不仅要结合描写的对象，也要注意与全句的表达相结合，否则会弄巧成拙，如写夕阳时可以使用"一襟晚照"来含蓄表达夕阳与人物的位置关系与稀薄之感，但使用"襟"来形容正午阳光显然是不合适的；

（2）量词的妙用通常与合适的意境分不开，所以在妙用前要进行场景氛围的渲染描写，否则会略显突兀。

人——豆蔻

粉嫩　　莞尔一笑　　笑靥如花　　芙蓉如面　　稍施粉黛

嫣然　　粉妆玉琢　　朱唇粉面　　灼灼芳华　　豆蔻年华

字词解释

【莞尔一笑】微笑时美好的样子。

【笑靥如花】形容人美丽，笑起来像花一样漂亮。

【嫣然】容貌美好，笑态娇媚。

【粉妆玉琢】意思是用白粉装饰，用白玉雕琢。形容女子妆饰得漂亮或小孩长得白净。也用来形容雪景。

【灼灼芳华】形容年轻、美好的年华。

主题金句摘用

　　她的脸是平淡而美丽的小凸脸，现在，这一类"粉扑子脸"是过了时了。她的眼睛长而媚，双眼皮的深痕，直扫入鬓角里去。纤瘦的鼻子，肥圆的小嘴。也许她的面部表情稍嫌缺乏，但是，惟其因这呆滞，更加显出那温柔敦厚的古中国情调。

——张爱玲《第一炉香》

　　东家之子，增之一分则太长，减之一分则太短；著粉则太白，施朱则太赤；眉如翠羽，肌如白雪；腰如束素，齿如含贝。

——宋玉《登徒子好色赋》

两弯似蹙非蹙罥烟眉，一双似泣非泣含露目。态生两靥之愁，娇袭一身之病。泪光点点，娇喘微微。闲静时如姣花照水，行动处似弱柳扶风。心较比干多一窍，病如西子胜三分。

——曹雪芹《红楼梦》

　　她的影子真好。她那几步路走得又敏捷，又匀称，又苗条，正如一只可爱的小猫……而那两颊的曲线，尤其甜蜜可人。她两颊是白中透着微红，润泽如玉。她的皮肤，嫩得可以掐出水来。

——朱自清《阿河》

　　她的眼像一双小燕子，老是在滟滟的春水上打着圈儿。她的笑最使我记住，像一朵花漂浮在我的脑海里。我不是说过，她的小圆脸像正开的桃花么？那么，她微笑的时候，便是盛开的时候了：花房里充满了蜜，真如要流出来的样子。

——朱自清《阿河》

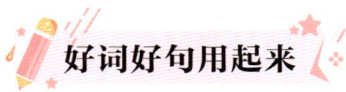

好词好句用起来

"画面"比喻

❶ 概念：将喻体写成一个动态的画面。

❷ 好处：强化比喻效果，静态的文字变成了动态的画面，使读者身临其境。

❸ 示例

　　她的小圆脸像正开的桃花，她微笑的时候，便是盛开的时候了：花房里充满了蜜，真如要流出来的样子。

❹ 生用

　　邻家的那个小姑娘长了一对招人喜爱的小酒窝。

_____

❺ 仿写

　　她朝我莞尔一笑，笑容如同凛冽冬日里壁炉中的火焰，闪着暖黄色的火苗，温柔地舞蹈。

　　她朝我莞尔一笑，笑容如同_____

_____

❻ 注意事项

（1）与动态喻体相对应的也应该是一个动作，如在以上的例子中都是对"笑容"这一动态神态的描写，不能强行赋予静态事物动态的特点；

（2）注意侧重点，动态画面所包含的描写更加丰富，更需要把握重点，如示例中的笑容特点是"甜"，所以用"蜜"作比喻，"花房"只是作为场景修饰。

轮廓 + 面容

❶ 概念： 先描写人物的轮廓身影，再拉近距离，描写人物的面部细节。

❷ 好处： 由远至近，从粗到细全方位描写人物，使人物形象更具体细致。

❸ 示例

　　她的影子真好。她那几步路走得又敏捷，又匀称，又苗条，正如一只可爱的小猫……而那两颊的曲线，尤其甜蜜可人。她两颊是白中透着微红，润泽如玉。她的皮肤，嫩得可以掐出水来。

❹ 生用

　　再次遇到小河姐姐已经是五年后了，只是在街上无意的一瞥，我意外看到了她的身影。

　　听到我的呼喊她惊讶地回过头，我才发现几年不见她愈发地亭亭玉立了。

❺ 仿写

　　我家懒懒是一只猫如其名的大橘，浑圆的身体像一颗水果味汤圆，半睁半闭的眼睛在我呼唤它时总是斜视一眼便不予理睬。

❻ 注意事项

（1）进行面部细节的描写时要选取人物具有特点的五官，并且最好结合比喻进一步强调人物特点；

（2）注意由远到近的空间顺序和由粗到细的逻辑顺序的对应，远则完整，近则细致。

事——无猜

芳心　　　　娇嗔　　怦然心动　　两小无猜　　你侬我侬

命犯桃花　　发小　　羞粉脸颊　　含情脉脉　　情窦初开

字词解释

【怦然心动】心怦怦地跳动。指受到影响或刺激，心里产生了某种念头或触动了某种情感。

【两小无猜】男女小时候在一起玩耍，天真烂漫，没有猜疑。也形容男女从小感情好，彼此拥有纯真的感情。

【含情脉脉】是指饱含温情，默默地用眼神表达自己的感情。常用以形容少女面对意中人稍带娇羞又无限关切的表情。

【情窦初开】指刚懂得爱情（多指少女）。

主题金句摘用

人世间最美好的事情是，两颗偎依的心就在我的怀中。

——济慈《哦，孤独》

我爱你，以我终生的呼吸，微笑和眼泪。

——勃朗宁夫人《我是怎样的爱你》

关关雎鸠，在河之洲。窈窕淑女，君子好逑。

——《诗经·关雎》

我如果爱你，绝不像攀缘的凌霄花，借你的高枝炫耀自己；我如果爱你，绝不学痴情的鸟儿，为绿荫重复单调的歌曲。也不止像泉源，常年送来清凉的慰藉；也不止像险峰，增加你的高度，衬托你的威仪。

——舒婷《致橡树》

好词好句用起来

欲扬先抑

❶ 概念："扬"指褒扬、抬高，"抑"指按下、贬低。作者想褒扬某个事物，却不从褒扬处落笔，而先是按下，从相反的贬抑处落笔。

❷ 好处：使感情的表达更加深刻强烈、振聋发聩。

❸ 示例

我如果爱你，绝不像攀缘的凌霄花，借你的高枝炫耀自己；我如果爱你，绝不学痴情的鸟儿，为绿荫重复单调的歌曲……

❹ 生用（原封不动，直接引用）

我一直向往平等而独立的感情。

5 化用（保留"骨骼"，改变"肌肉"）

我如果爱你，绝不似依附的藤蔓，利用你的屹立稳固自己；我如果爱你，绝不如贪恋的蝴蝶，因花香迷失飞翔的方向。

我如果爱你，绝不＿＿＿＿＿＿＿，＿＿＿＿＿＿＿＿＿；我如果爱你，绝不＿＿＿＿＿＿＿＿，＿＿＿＿＿＿＿＿。

6 活用（形散意存）

不局限于"我如果爱你，绝不……"的句式，即"形散"，但保留欲扬先抑的对比手法，即"意存"。

自古逢秋悲寂寥，我言秋日胜春朝。（刘禹锡《秋词》）

牡丹雍容，吊兰清幽，百合馥郁，相比之下苔花没有出挑的颜色，没有怡人的香味，但它仍然肆意地开在古树、石路上，追求属于自己的美丽生命。

＿＿＿＿＿＿＿＿＿＿＿＿＿＿＿＿＿＿＿＿＿＿＿＿

＿＿＿＿＿＿＿＿＿＿＿＿＿＿＿＿＿＿＿＿＿＿＿＿

＿＿＿＿＿＿＿＿＿＿＿＿＿＿＿＿＿＿＿＿＿＿＿＿

＿＿＿＿＿＿＿＿＿＿＿＿＿＿＿＿＿＿＿＿＿＿＿＿

7 注意事项

（1）欲扬先抑最终的目的是"扬"，所以"抑"不宜太过，并且不能与"扬"的内容存在冲突；

（2）为避免"抑"得过多，在使用欲扬先抑时，可以表述为示例中的"不像……""不会……"等。

情

——

柔情

红粉知己　人面桃花　　不胜凉风的娇羞　　桃花潭水
女本柔弱，为母则刚　　柔情　寸草春晖　　春风化雨
母爱之花康乃馨　　儿行千里母担忧

字词解释

【寸草春晖】小草难以报答春天阳光的恩惠。比喻子女报答不尽父母的
养育之恩。寸草：小草，借指儿女；春晖：春天的阳光。
【春风化雨】适宜于草木生长的风雨，比喻良好的教育。

主题金句摘用

桃花嫣然出篱笑，似开未开最有情。

——汪藻《春日》

采莲南塘秋，莲花过人头。

——《西洲曲》

我爱月夜，但我也爱星天。从前在家乡七、八月的夜晚在庭
院里纳凉的时候，我最爱看天上密密麻麻的繁星。望着星天，我
就会忘记一切，仿佛回到了母亲的怀里似的。

——巴金《繁星》

母亲放下针线，用她的面颊，抵住我的前额，温柔地，不迟疑地说："不为什么，——只因你是我的女儿！"

——冰心《寄小读者》

好词好句用起来

多写一句

①概念： 在写对话时，每句对话都连着另一个句子，这个句子可以包括说话人的样貌、动作、神态、心理等。

②好处： 使人物语言表达更精确、更细致、更流畅，增强文章的感染力。

③示例

母亲放下针线，用她的面颊，抵住我的前额，温柔地，不迟疑地说："不为什么，——只因你是我的女儿！"

④生用（原封不动，直接引用）

当我奔至母亲面前，问她为什么爱我时，_____

_____

⑤化用（保留"骨骼"，改变"肌肉"）

母亲放下针线，眸光柔柔地望向我，用带着笑意的声音说："不为什么，——只因你是我的女儿！"

母亲放下针线，_____

_____

6 活用（形散意存）

不再使用母亲的场景，即"形散"，而保留在对话中多写一句的句子结构，即"意存"。

"请问，你愿意成为我的舞伴吗？"她终于说出这句话，漂亮的脸蛋上泛着红晕。

_____

_____

7 注意事项

（1）多写的这句话的插入位置要和"说"出现的位置相配合，最好紧挨着"说"出现；

（2）"多写一句"本质上是对于对话状态的解释和细化，不宜过长而本末倒置，覆盖了对话本身的含义。

想

——若梦

粉红泡泡　　如梦似幻　　南柯一梦　　春梦无痕　　缥缈
世外桃源　　庄周梦蝶　　魂牵梦萦　　镜花水月　　梦一场

字词解释

【南柯一梦】泛指一场梦，或比喻一场空欢喜。

【春梦无痕】形容世事变幻无常，就像春夜的梦境一样容易消逝，无踪迹。

【缥缈】高远隐约，若隐若现的样子。

【庄周梦蝶】庄周在梦中变为蝴蝶。比喻人生变幻无常。

【魂牵梦萦】形容万分思念。

主题金句摘用

粉霞红绶藕丝裙，青洲步拾兰苕春。

——李贺《天上谣》

它月影一般的轻轻地，从你那儿轻轻走过；它把你的梦境衔了来，像一只绯红的花朵！

——冯至《蛇》

她静默地走近走近，又投出太息一般的眼光，她飘过像梦一般的，像梦一般的凄婉迷茫。

——戴望舒《雨巷》

那宝玉刚合上眼，便惚惚的睡去，犹似秦氏在前，遂悠悠荡荡，随了秦氏，至一所在。但见朱栏白石，绿树清溪，真是人迹希逢，飞尘不到。宝玉在梦中欢喜，想道："这个去处有趣，我就在这里过一生，纵然失了家也愿意，强如天天被父母师傅打呢。"正胡思之间，忽听山后有人作歌曰：春梦随云散，飞花逐水流；寄言众儿女，何必觅闲愁。宝玉听了是女子的声音。歌音未息，早见那边走出一个人来，蹁跹袅娜，端的与人不同。

——曹雪芹《红楼梦》

好词好句用起来

穿越指南

❶ 概念：在穿越类的想象作文中，从主人公穿越前的迷糊状态、所遇到的反常事件、穿越时经过的神秘通道和穿越后的新奇感受四个方面进行虚实结合的描写。

❷ 好处：可以作为穿越类的想象作文或者场景变化较大的现实类作文中的过渡桥段，虚实相生，使文章更具丰富意涵。

❸ 示例

那宝玉刚合上眼，便惚惚的睡去（迷糊状态），犹似秦氏在前，遂悠悠荡荡，随了秦氏，至一所在。但见朱栏白石，绿树清溪，真是人迹希逢，飞尘不到（神秘通道）。宝玉在梦中欢喜，想道："这个去处有趣，我就在这里过一生，纵然失了家也愿意，强如天天被父母师傅打呢。"（新奇感受）正胡思之间，忽听山后有人作歌（反常事件）曰：春梦随云散，飞花逐水流；寄言众儿女，何必觅闲愁。宝玉听了是女子的声音。歌音未息，早见那边走出一个人来，蹁跹袅娜，端的与人不同（反常事件）。

4 仿写

把握住迷糊状态、反常事件、神秘通道和新奇感受四个主要要素。

　　已经是夜里十二点了，外面一片寂静，只有柔和的月光透过窗户洒在桌子上。我打了个哈欠，好困呀，看着本子上密密麻麻的字，好像一只只小蚂蚁在走迷宫，我的视线随着这些字绕啊绕啊，头脑也变得越来越沉，终于我的眼皮耷拉了下来……（迷糊状态）突然一片柔软的树叶飘到了我的脸上，树叶？（反常事件）我猛然惊醒，却发现自己已经置身于盎然绿意中，正在慌乱时我突然发现了不远处的一个巨大树洞，几番犹豫后我顺着中空的树洞爬了下去（神秘通道），于是我有幸目睹了此生见过的最瑰丽奇幻的景象。璀璨夺目的奇异石头镶嵌在地底的洞壁之上，犹如星辰点缀夜空，释放着柔和而神秘的光芒。洞窟曲折幽深，清凉的水滴从洞顶滴落，泛起层层涟漪，伴随着叮咚的水声，如同大自然的低语（新奇感受）。

　　已经是夜里十二点了，外面一片寂静，只有柔和的月光透过窗户洒在桌子上。＿＿＿＿＿＿＿＿＿＿＿＿＿＿＿＿＿＿＿

我猛然惊醒，却发现自己已经置身于盎然绿意中，————

于是我有幸目睹了此生见过的最瑰丽奇幻的景象。————

5 注意事项

（1）作为变化较大的场景转化，对应所需的细节描写也相对较多，要注意穿越前后的描写比例，前者铺垫不宜过长；

（2）作为多应用于想象类作文的技法，要把握住"想象"这一核心，可以加入更多现实不存在的元素，反之不宜过于写实，失去想象所具有的奇妙色彩。

第 **7** 节

议 —— 粉饰

粉饰太平　　　桃李不言　　　投桃报李　　　傲娇

桃花运　　　　花之君子　　　金粉世家　　　粉墨登场

心有猛虎，细嗅蔷薇　　　　出淤泥而不染

字词解释

【粉饰太平】把社会黑暗混乱的状况掩饰成太平的景象。

【投桃报李】比喻友好往来或互相赠送东西。

【粉墨登场】化装上台演戏，今多借指登上政治舞台（含讥讽意）。

主题金句摘用

美本极为柔弱，却不可征服。

——朱光潜《人间至美》

玄都观里桃千树，尽是刘郎去后栽。

——刘禹锡《元和十年自朗州至京戏赠看花诸君子》

予独爱莲之出淤泥而不染，濯清涟而不妖，中通外直，不蔓不枝，香远益清，亭亭净植，可远观而不可亵玩焉。

——周敦颐《爱莲说》

原来人性含有两面：其一是男性的，其一是女性的；其一如苍鹰，如飞瀑，如怒马；其一如夜莺，如静池，如驯羊。

——余光中《猛虎与蔷薇》

雨是最寻常的，一下就是三两天。可别恼。看，像牛毛，像花针，像细丝，密密地斜织着，人家屋顶上全笼着一层薄烟。

——朱自清《春》

好词好句用起来

博喻

❶ 概念： 用多个喻体描绘本体的一个方面，或是用多个喻体描绘本体的几种状态。

❷ 好处： 加强语意，增添气势，能将事物的特征或事物的内涵从不同侧面、不同角度表现出来。

❸ 示例

雨是最寻常的，一下就是三两天。可别恼。看，像牛毛，像花针，像细丝，密密地斜织着，人家屋顶上全笼着一层薄烟。

❹ 仿写

两岸都是悬崖峭壁，累累垂垂的石乳一直浸到江水里去，像莲花，像海棠叶儿，像一挂一挂的葡萄，也像仙人骑鹤，乐手吹箫……说不定你忘记自己在漓江上了呢！

两岸都是悬崖峭壁，累累垂垂的石乳一直浸到江水里去，像_____，像_____，像_____，也像_____……说不定你忘记自己在漓江上了呢！

⑤ 注意事项

博喻与比喻连用有相似之处，但是博喻的形式更为灵活，不要求句式的完全整齐，而更看重喻体特点的精准性。

识
——
脂
粉

胭脂 　　　香槟粉 　　　妃红 　　海棠色 　　　六宫粉黛

淡妆浓抹 　　面若敷粉 　　香腮 　　花容月貌 　　花容失色

字词解释

【六宫粉黛】指宫内皇后、妃嫔及宫女。粉黛：化妆品，借指美女。

【香腮】指美女的腮颊。

【花容月貌】指如花似月的美丽容貌。

主题金句摘用

人间四月芳菲尽，山寺桃花始盛开。

——白居易《大林寺桃花》

两只眼睛，眼梢不翘起也不垂下，简直像有意描直了似的，虽逗人发笑，却恰到好处地镶嵌在两道微微下弯的浓密的短眉毛下。颧骨稍耸的圆脸，轮廓一般，但肤色恰似在白瓷上抹了一层淡淡的胭脂。脖颈底下的肌肉尚未丰满。她虽算不上是个美人，但比谁都要显得洁净。

——川端康成《雪国》

117

这又是花的世界，灯罩上是花，衣柜边雕着花，落地窗是槟榔玻璃的花，墙纸上是漫洒的花，瓶里插着花，手帕里夹一朵白兰花，茉莉花是飘在茶盅里，香水是紫罗兰香型，胭脂是玫瑰色，指甲油是凤仙花的红，衣裳是雏菊的苦清气。

——王安忆《长恨歌》

懒起画蛾眉，弄妆梳洗迟。

——温庭筠《菩萨蛮·小山重叠金明灭》

好词好句用起来

心灵外化

❶ 概念：通过表情、神态、动作、语言等，将人的想法、情绪、情感外化表达。

❷ 好处：突出人物形象，细化人物特征。

❸ 示例

懒起画蛾眉，弄妆梳洗迟。

❹ 生用

___素来雷厉风行的妈妈今日不仅睡到了自然醒，梳妆打扮时也慢条斯理，眉宇间似有几分_____

_____的倦气。

⑤ 仿写

　　我是在回家的路上遇到那个流浪汉的。他衣衫褴褛、瘦骨嶙峋，贫穷与风霜在他的脸上刻满了印记（外貌），他颤颤巍巍地向我走来，一把抓住了我的手（动作），眼中不加掩饰地流露出渴望与期待（神态）。似乎是有些哽咽，他哑声哀求道："求求你了，给点吃的吧。"（语言）

　　我是在回家的路上遇到那个流浪汉的。＿＿＿＿＿＿
＿＿＿＿＿＿＿＿＿＿＿＿＿＿＿＿＿＿＿＿＿＿＿＿＿＿
＿＿＿＿＿＿＿＿＿＿＿＿＿＿＿＿＿＿＿＿＿＿＿＿＿＿
＿＿＿＿＿＿＿＿＿＿＿＿＿＿＿＿＿＿＿＿＿＿＿＿＿＿
＿＿＿＿＿＿＿＿＿＿＿＿＿＿＿＿＿＿＿＿＿＿＿＿＿＿
＿＿＿＿＿＿＿＿＿＿＿＿＿＿＿＿＿＿＿＿＿＿＿＿＿＿

⑥ 注意事项

心灵外化时，不用把外貌、动作、神态和语言都写出来。人物描写过多会显得画蛇添足。

文——乞巧

七夕粉玫瑰　　仙女下凡尘　　水粉画　　　五品浅绯
桃园结义　　　桃花源记　　　六朝金粉　　新桃换旧符
人神之恋　　　桃花扇

字词解释

【桃园结义】刘备、关羽、张飞三人在桃园中结义为兄弟的故事。

【六朝金粉】形容六朝（三国东吴，东晋，南朝的宋、齐、梁、陈，共六个朝代）的靡丽繁华景象。

【桃花扇】清代文学家孔尚任创作的传奇剧本。

主题金句摘用

粉面含春威不露，丹唇未启笑先闻。

——《红楼梦》

桃花坞里桃花庵，桃花庵里桃花仙。桃花仙人种桃树，又摘桃花当酒钱。

——唐寅《桃花庵歌》

忽逢桃花林，夹岸数百步，中无杂树，芳草鲜美，落英缤纷。

——陶渊明《桃花源记》

纤云弄巧，飞星传恨，银汉迢迢暗度。金风玉露一相逢，便胜却人间无数。柔情似水，佳期如梦，忍顾鹊桥归路。两情若是久长时，又岂在朝朝暮暮。

——秦观《鹊桥仙·纤云弄巧》

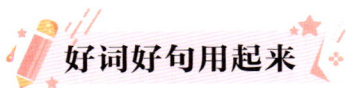

好词好句用起来

反衬

1 **概念：** 指利用与主要形象相反、相异的次要形象，从反面衬托主要形象。

2 **好处：** 通过对比更加鲜明地表现主题。

3 **示例**

纤云弄巧，飞星传恨，银汉迢迢暗度。金风玉露一相逢，便胜却人间无数。

4 **生用**

现代的七夕节已全然成为浪漫美满的代名词，每见乐景，我却总想起牛郎织女之间_____的深情与遗憾。

5 **仿写**

春日如同宴请宾客一般唤醒了大地的生机，奶奶的小院里再次盛放的玉兰花开得依旧端庄典雅，如同过往的年年岁岁那般，只是这次，却少了树下的华发老人相伴。

春日如同宴请宾客一般唤醒了大地的生机，_____

_____

_____

_____

6 注意事项

（1）本节中的反衬并不是单一事物之间的衬托，而是以景衬情，这就需要在景物描写的部分融情于景，为后文做好铺垫；

（2）不同于对比，衬托是有主次的，尤其是在反衬中更要牢记自己的写作主题，避免主次颠倒。

景情议相结合

1 概念：按照写景—抒情—议论的顺序进行递进描写。

2 好处：层层递进，抽丝剥茧，升华文章主旨，令文章完成由浅入深的过渡。

3 示例

纤云弄巧，飞星传恨，银汉迢迢暗度（景）。金风玉露一相逢，便胜却人间无数。

柔情似水，佳期如梦，忍顾鹊桥归路（情）。两情若是久长时，又岂在朝朝暮暮（议）。

4 仿写

炎炎夏日的树荫里，巢穴里年老力衰的乌鸦安静地窝着。它的孩子不知疲倦地飞来飞去，不断将找到的食物喂给它（景）。目睹那一幕的瞬间我感到了自然本性带给我的深切动容和震撼（情），乌鸦尚且如此，何况是拥有悠久传统美德的中华儿女。"孝"在中华大地上存在了五千年，我们都应该发扬和传承下去，不能让"孝"消失在 21 世纪（议）。

_____

_____

_____

_____ "孝"在中华大地上存在了五千年，我们都应该发扬和传承下去，不能让"孝"消失在 21 世纪。

5 注意事项

（1）议论是该技巧中负责升华的部分，要想达到这一目的，我们的议论就得要么深刻要么动人，不能过于浅显死板；

（2）该技巧主要适用于抒情类和感悟类作文，写景作文中则不适宜过度拔高、无端联想。

专
——
舰
粉

粉红丝带　　　胭脂虫　　粉红豹　　　　巴比伦眼睛
灯笼海棠色　　　荧光粉　　陡然路转粉　　玫瑰盐
蒙巴顿粉　　　西班牙粉色小镇

字词解释

【胭脂虫】是同翅目一类珍贵的经济资源昆虫，原产于墨西哥和中美洲，寄主为仙人掌类植物。胭脂虫体内含胭脂红，可以制备成胭脂红色素广泛地用于食品、化妆品、药品等多种行业中，是天然胭脂红色素。

【玫瑰盐】玫瑰盐是一种岩盐，这种盐矿中含有比较多的铁和其他一些矿物质，使它呈现出了特别的粉红色，因此被称为"玫瑰盐"。

【蒙巴顿粉】蒙巴顿粉是路易斯·蒙巴顿在担任驱逐舰司令时发明的一种舰用迷彩涂装，该涂料以路易斯·蒙巴顿命名。

主题金句摘用

粉红豹，更多人习惯称呼它为：顽皮豹，是世界上最受宠爱的卡通人物之一，是幽默、个性和顽皮搞笑的代表，更是人们心中永远的开心果。

灯笼海棠色，得名于一种花。尽管灯笼海棠那独特的双层花瓣实际上有很多种颜色，包括白色、红色、粉色和紫色，但实际为这种颜色命名的是一种以亮蓝色为底色的粉色花瓣。

西班牙粉色小镇，是在西班牙阿拉贡自治区的一个名叫阿尔瓦拉辛的小镇，这座中世纪的小镇本身就是一件宝贵的艺术品。小镇上的房子几乎都粉刷着粉红的灰泥，这些墙瓦随着一天内不同的时间和光线，不同的天气以及季节变化出丰富的颜色，所以又有粉红小镇的称呼。

看这样的电影就像做梦，就像面对五颜六色、充满奇思幻想的糖果，让人忍不住舔了又舔。

好词好句用起来

感受具象化

① 概念：把抽象的感受表达为具体事物。

② 好处：使情感表达更加直接清楚，令读者感同身受。

③ 示例

看这样的电影就像做梦，就像面对五颜六色、充满奇思幻想的糖果，让人忍不住舔了又舔。

④ 生用

《布达佩斯大饭店》浪漫精致的画面给了我无与伦比的观影体验，_____

❺仿写

　　当我情绪低落在房间放声大哭时，妈妈轻轻地抱住了我，这个如云朵般温柔的拥抱像一杯寒冬中温暖的热可可，暖心又安稳，还有几分特别的厚重。

　　当我情绪低落在房间放声大哭时，妈妈轻轻地抱住了我，

_____

_____

❻注意事项

当你用一个具体的事物去形容抽象的感受时，必须写出具体事物带给你的感受。

第 ④ 章

凝·脂·白

景
——行云

雾凇　　　　　火树银花　　　　白云苍狗　　雪覆山川

澄江净如练　　鱼肚白　　　　　云卷云舒　　月华如练

踏雪寻梅　　　飞扬、飞扬、飞扬

字词解释

【火树银花】形容灿烂的灯火或烟火。火树：火红的树，指树上挂满灯彩；银花：银白色的花，指灯光雪亮。

【白云苍狗】比喻世事变幻无常。

【澄江净如练】清澈的江水，像一条白练一样。多指对江景的鸟瞰。澄：清澈，明净；练：洁白的熟绢。晋·谢朓《晚登三山还望景邑》："余霞散成绮，澄江净如练。"

主题金句摘用

应是天仙狂醉，乱把白云揉碎。

——李白《清平乐·画堂晨起》

雪花是有内涵的。她不会像雨滴那样用声音倾诉自己的心情，而正是雪花那优美的静感，才向我们表达了内心的素洁和清静。这样的静谧不单是用我们的眼睛看到的，而是用我们的心灵去倾听去感受才得到的。雪花是人类心灵的写真，当我们看到了雪花的时候就看到了人儿最纯洁的一面。

这漫天飞舞的雪花，似羽毛如玉屑，轻轻洒落，它们在天空中翩翩起舞，像烟雾一样轻灵，如柳絮一样轻软，它们那么纯洁，纯洁得晶莹透亮；它们那么轻盈，轻盈得悄无声息。每一片雪花就像一段悠扬清新的音乐，似一首轻快和谐的诗歌。

好词好句用起来

一唱三叹

1 概念：写文章时有意让一个动词重复出现的手法。

2 好处：调动读者情感，让文章余意绵长。

3 示例

> 假如我是一朵雪花，
>
> 翩翩的在半空里潇洒，
>
> 我一定认清我的方向
>
> ——飞扬、飞扬、飞扬，
>
> 这地面上有我的方向。

4 生用（原封不动，直接引用）

例如写冬天：

这时我仿佛融入了这片美丽的雪景中，我想

_____

5 化用（保留"骨骼"，改变"肌肉"）

一朵朵雪花，像一个个舞动的精灵，在这个美好的雪夜里，飞扬、飞扬、飞扬……

　　一朵朵雪花，像_____，在这个美好的_____里，_____、_____、_____……

⑥ 活用（形散意存）

不再使用"……像……在这个美好的……里……"的固定句式，即"形散"，但要保留一唱三叹，并且通过一唱三叹调动作者情感，即"意存"。

　　假如我是一缕微风，我会轻轻地掠过原野的边际，感受大地的呼吸，在时间的涟漪里，游弋，游弋，游弋……

_____

_____

⑦ 注意事项

（1）此技法可以作为结尾或者倒叙的开头；

（2）使用一唱三叹时，要饱含情感，不然会使句子显得冗长。

物

——玉壶

皎然　　流脂　　斑白　　　银皑皑　　　轻盈如舞

雪莲　　裁罗绮　艾发衰容　雪碗冰瓯　山寺起炊烟

字词解释

【流脂】形容事物像白色液体般平滑，或饱满丰腴的样子。

【艾发衰容】意思是灰白色的头发、苍老的面容。出自《郡斋感怀见寄》。

【雪碗冰瓯】形容碗、盆器皿洁白干净，也比喻诗文清雅。瓯：盆碗之类的器皿。

主题金句摘用

千锤万凿出深山，烈火焚烧若等闲。粉骨碎身浑不怕，要留清白在人间。

——于谦《石灰吟》

不知为什么，我对雪是情有独钟的，也许是因为她的纯白，也许是因为她的干净，也许……幻想过整个世界都沉浸在白雪之中，纯的会让人心痛，没想到，在庐山便满足了这个愿望，那天雪下得很大，倒映出我们欣喜的身影，撑着最爱的蓝色小伞，漫步在纷飞的雪中，心会变得透彻，清净。雪停了，一切都变得静悄悄的，群山显得更安静了，也更秀美了，美得让我不忍心去踩踏那一片纯白，但我依然在这一片留下我一串串脚印，留下的还有我纯白色的梦……

黑发如同绿草，白发犹如枯草；黑发像绿草那样散发着生命诱人的气息，白发却像枯草那样晃动着刺目的、凄凉的、枯竭的颜色。

——冯骥才《白发》

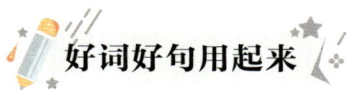

好词好句用起来

烟是英魂

❶ 概念：详细描写由眼前实见的烟引发的丰富联想、想象。

❷ 好处：渲染环境，带来想象美感。

❸ 示例

山寺起了炊烟：这一缕烟，是农家女身后旋舞的丝巾；那一缕烟袅袅上升，那是逝去的枝条的不朽灵魂。

❹ 生用（原封不动，直接引用）

例如写爬山时看到的风景：

爬到半山腰处，一座寺庙突至眼前，此时已近黄昏，

_____

❺ 化用（保留"骨骼"，改变"肌肉"）

山寺起了炊烟：这一缕烟，是农家女身后旋舞的丝巾；那一缕烟袅袅上升，那是逝去的枝条的不朽灵魂。

阳光下，烈士陵园升腾着轻烟：这一缕烟，是革命先辈生前挥舞的旗帜；那一缕烟袅袅上升，那是逝去的英烈的不

朽灵魂。

　　　　　　　　：这一缕烟，是＿＿＿＿＿＿＿＿＿＿＿＿＿；
那一缕烟袅袅上升，那是逝去的＿＿＿＿不朽灵魂。

❻ 活用（形散意存）

不再使用将烟比作不朽灵魂的固定搭配，即"形散"，但要保留由烟展开的联想，以及烟这一意象本身带来的消逝、追忆感，即"意存"。

　　春天已经悄然逝去，留下的只是田野上那缕缕升腾的轻烟。轻烟里似乎带着花朵的芬芳，让人回忆起那些盛开的日子；烟雾打着旋儿向上，我的心也随之飘向那个美好的春天。

_____

_____

_____

_____

❼ 注意事项

（1）在描写眼前实见的烟时要突出其特质，如轻盈、缭绕、升腾等，并与联想场景保持情感和意境上的相符；

（2）描写想象场景时尽量做到丰富、生动，避免干瘪感。

人——皓齿

皓齿　发如雪　　鹤发童颜　肤如凝脂　白驹空谷

直白　两袖清风　白眼相加　白玉微瑕　白发人送黑发人

字词解释

【皓齿】洁白的牙齿。

【白驹空谷】比喻贤能之人在野而不能出仕。后也比喻贤能者出仕而谷空。出自《诗经·白驹》：皎皎白驹，在彼空谷。

【两袖清风】原指两袖迎风而起，飘飘扬扬的姿态。后多用于比喻做官的时候非常清廉，除衣袖中的清风外，别无所有。

🚀 主题金句摘用 ✨

莫等闲，白了少年头，空悲切。

——岳飞《满江红》

洛阳亲友如相问，一片冰心在玉壶。

——王昌龄《芙蓉楼送辛渐》

护士有着纯洁的心灵，高尚的情操；走近每一位患者总带着一份职业性的微笑；不求回报只求奉献成了他们心中的骄傲；黑夜的恐怖加上生物钟颠倒；超负荷的工作连着疲惫的心身，他们想着的还是患者的需要；面对许多渴求健康的目光，他们惯用鼓励的眼神传递力量，用有力的双手搀扶着患者越过心灵的沼泽地，带给他们摆脱病魔的勇气和一份生存的基本需要，用心理学知识抚慰心灵空寂的患者轻松地进入梦乡，用语言美学知识为患者补充疾病康复的健康指导。

穿上白色的白大褂他们就是天使，没有一个人比他们更关心患者的健康和安全，没有一个人像他们那样牺牲自己的身体健康为患者续命延年。

——王旭《赞美医生》

好词好句用起来

没有一个人

1 概念：用"没有一个人"为语段开头，强调人物行为的绝无仅有。

2 好处：突出人物品质，表达对其的赞美之情。

3 示例

穿上白大褂他们就是天使，没有一个人比他们更关心患者的健康与安全，没有一个人像他们那样牺牲自己的身体健康为患者续命延年。

4 生用（原封不动，直接引用）

这群看似平凡的人却在疫情的危急关头挺身而出。

_____

_____

⑤ 化用（保留"骨骼"，改变"肌肉"）

穿上白大褂他们就是天使，没有一个人比他们更懂得珍惜生命的可贵，没有一个人像他们那样凭借自身精湛的技术与死神一次次角力。

拿起粉笔他们就是三尺讲台上的园丁，没有一个人比他们更关心孩子的未来与梦想，没有一个人像他们那样掏空自己去灌溉每一个茁壮成长中的幼苗。

_____他们就是_____，没有一个人比他们_____，_____。

⑥ 活用（形散意存）

不拘泥于"没有一个人"的固定开头，即"形散"，但要用其他相关的语汇表现出人物行为的绝无仅有，即"意存"。

透过朦胧的泪眼，看着手中的十二块金字牌，此时的岳飞比任何人都更加渴望进军汴梁、击退金兵，比任何人都更加渴望喋血讨贼、光复中原。然而，这十二块金字牌已然化作十二根绳索，将他牢牢缚住。

_____

_____

_____

_____

⑦ 注意事项

（1）为加强对人物的特征刻画，最好使用两到三个句子去强调，同时几个句子都需要能够展现出某一共同的核心特点，如奉献、勇敢等；

（2）"没有一个人"若形容的是群体，那么所引出的事件不能太过个人化，否则反而会破坏品质的独一无二感。

事
——
看雪

缟素　　　　冰嬉　　　　披麻戴孝　　　　白花花的银子

婚纱　　　　簪白花　　　　湖心亭看雪　　　　白骨露于野

白沙在涅，与之俱黑　　　婚丧嫁娶，红白喜事

字词解释

【缟素】缟与素都是白色的生绢，引申为白色。也可指丧服，或比喻俭朴。

【冰嬉】亦称"冰戏"，是我国北方人民一项传统的体育活动，包括滑冰、冰上射箭等。

【白骨露于野】"白骨露于野，千里无鸡鸣。"出自曹操《蒿里行》，意思是，尸骨暴露于野地里无人收埋，千里之间没有人烟，听不到鸡鸣。这是对当时军阀混战，造成人民大量死亡和社会经济极大破坏的情况的反映。

【白沙在涅，与之俱黑】比喻好的人或物处在污秽环境里，也会随着污秽环境而变坏。

主题金句摘用

　　她穿上婚纱，纯白的裙摆被裁制成无数皱褶的裙子。一层轻纱柔柔地给褶皱裙上蒙上一层薄雾。袖口参差不齐的蕾丝花边更显柔美。从肩头上向下螺旋点缀的花藤上朵朵白色的玫瑰，剪裁得体的婚纱，蓬起的裙摆，让她如同云间的公主，优雅而华丽。

　　那只鸽子长着洁白如雪的羽毛，红褐色的小尖嘴，机灵的眼睛，

细长的双腿，双脚像鸡爪但却没有脚蹼。站在那里，亭亭玉立，简直像一位高雅华贵的夫人。小白鸽站在那里不动的时候，简直就像商店里摆的工艺品。

虏塞兵气连云屯，战场白骨缠草根。

——岑参《轮台歌奉送封大夫出师西征》

长亭外，古道边，芳草碧连天。

——李叔同《送别》

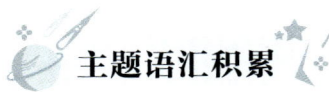

主题语汇积累

长亭送别

❶ 概念： 借长亭送别这一经典意象表达离别的不舍与伤感之情。

❷ 好处： 经典具有丰富的文化意涵，易于感染读者情怀，引发共鸣。

❸ 示例

长亭外，古道边，自古以来在这个送别的终点，多少离别的眷侣黯然哭泣，多少母亲婆娑着泪眼目送游子远去……

❹ 生用（原封不动，直接引用）

_____

如今，母亲也送我来到了离别的车站门口。

⑤ 化用（保留"骨骼"，改变"肌肉"）

长亭外，古道边，自古以来在这个送别的终点，多少青山绿水在挚友的口中不改姿态，多少无定枯骨曾辞别梦里佳人……

长亭外，古道边，自古以来在这个送别的终点，多少＿＿＿＿＿＿＿＿＿＿＿＿＿，多少＿＿＿＿＿＿＿＿＿＿＿＿＿……

⑥ 活用（形散意存）

不再固定使用"长亭外，古道边，自古以来在这个送别的终点……"这一固定开头，即"形散"，而使用能代表离别的典型意象，即"意存"。

校门轻掩，离愁满地，六月风中，别情依依。踏出校门这一道分界线，同窗数载的我们将各赴前程，只愿鲜花满路，再会却已无期。

＿＿＿＿＿＿＿＿＿＿＿＿＿＿＿＿＿＿＿＿＿＿＿＿＿＿＿

＿＿＿＿＿＿＿＿＿＿＿＿＿＿＿＿＿＿＿＿＿＿＿＿＿＿＿

＿＿＿＿＿＿＿＿＿＿＿＿＿＿＿＿＿＿＿＿＿＿＿＿＿＿＿

⑦ 注意事项

（1）大多数的离别情感都是哀愁、不舍的，在进行场景刻画时不宜选择感情色彩过于明亮的事物，如朝阳、欢声笑语；

（2）长亭送别是一个古时经典意象，最好作为引用出现，在真正进行贴近生活的写作时，最好使用车站、校门口等现代意象。

情——告白

告白 素笺   千纸鹤   家书值万钱 驿寄梅花，鱼传尺素
圣洁 夏雨雪 白马王子 纸短情长   云中谁寄锦书来

字词解释

【素笺】指白色的笺纸。
【夏雨雪】出自汉乐府诗《上邪》，意思是夏天下雪。
【纸短情长】简短的信纸无法写完深长的情意，形容情意深长。

主题金句摘用

白发三千丈，缘愁似个长。

——李白《秋浦歌》

戍鼓断人行，边秋一雁声。露从今夜白，月是故乡明。

——杜甫《月夜忆舍弟》

江水三千里，家书十五行。行行无别语，只道早还乡。

——袁凯《京师得家书》

天已凉透，好一个清冷的深秋，李清照轻轻提着白丝裙裙摆，
独自登上一叶小舟。

天已凉透

①概念： 通过描写秋天萧瑟、悲凉的环境来引出叙事、烘托情感。

②好处： 增强文章的画面感和美感；渲染氛围，增强情感表达。

③示例

天已凉透，好一个清冷的深秋，李清照轻轻提着白丝裙裙摆，独自登上一叶小舟。

④生用（原封不动，直接引用）

例如写阅读李清照的词之后的感受：

　　李清照的词总是极具画面感，如"红藕香残玉簟秋，轻解罗裳，独上兰舟"：_____

_____

⑤化用（保留"骨骼"，改变"肌肉"）

天已凉透，好一个清冷的深秋，李清照轻轻提着白丝裙裙摆，独自登上一叶小舟。

天已凉透，好一个清冷的深秋，我提着行李，独自登上了离开家乡的列车，车旁青山千里相送，耳畔父母叮嘱仍然萦绕。

天已凉透，好一个清冷的深秋，_____

_____。

❻ 活用（形散意存）

不再使用"天已凉透，好一个清冷的深秋……"的严格句式，即"形散"，但要保留通过描写某个季节所营造的特定氛围，即"意存"。

　　已经深秋了，秋风携带着一股淡淡的枯叶味道，拂过街角的梧桐树，带来宛如叹息的沙沙响声。枯叶飘零，铺就一条棕褐的小径，我独自走在小径上，思绪被拉回过去，幼年和奶奶一起生活过的乡村的秋景浮现眼前。

_____

_____

_____

_____

❼ 注意事项

（1）描写某个季节的景物时，要注意营造特定的氛围，如描写秋景时要突出萧瑟、悲凉的特点，以烘托情感；

（2）此技法常用于开头处以营造环境、引出下文，或用于结尾处以收束叙事、结束全文。

想
——
银枪

主题语汇积累

朔气   护心镜   铁马冰河   寒光照铁衣

决斗   枪出如龙   一身是胆   空手接白刃

长枪刺破云霞   白刀子进红刀子出

字词解释

【朔气】北方的寒气。

【铁马冰河】出自陆游《十一月四日风雨大作》，意思是骑着披铁甲的战马跨过冰封的河流。

【一身是胆】全身都是胆，形容胆量极大，极其英勇无畏。

主题金句摘用

朔气传金柝，寒光照铁衣。

——《木兰诗》

子龙一身都是胆也。

——《三国志》裴松之注

长枪刺破云霞，放下一生牵挂。

——《踏山河》祝何作词，叶泽浩演唱

153

我迷迷糊糊地梦见，自己骑着披着铁甲的战马跨过冰封的河流。

透过北方寒冷的雾气望过去，木兰正站在军营前望着明月，思念家乡。

主题语汇积累

铁马冰河

①概念：一种通过对梦境的描绘来描写场景、传达情感的写作手法。

②好处：使读者仿佛置身其中，增强了文章的情感感染和视觉冲击。

③示例

我迷迷糊糊地梦见，自己骑着身披铁甲的战马跨过冰封的河流。

④生用

例如引出对某一个历史人物的描写：

那一刻我好像变成了陆游，_____

_____

⑤仿写

我迷迷糊糊地梦见，自己骑着身披铁甲的战马跨过冰封的河流。

我迷迷糊糊地梦见，湖对面的白色牝鹿疾驰而来，一举击退了摄魂怪。

_____

_____

⑥注意事项

（1）此技法可用在文章或段落的开头，用以引出下文；

（2）场景描写应该尽量突破现实的限制，体现在梦中的特点。

透过雾气

①概念： 在描述场景、人物时引入雾气这一元素，不写眼睛直接看到，而写眼睛透过雾气看到。

②好处： 使描写极具画面感，给读者带来细腻的情感体验。

③示例

透过北方寒冷的雾气望过去，木兰正站在军营前望着明月，思念家乡。

④生用

例如用第三人称视角描写木兰：

夜幕降临，营火微微闪烁，映衬着木兰坚毅的脸庞。

_____

⑤仿写

透过北方寒冷的雾气望过去，木兰正站在军营前望着明月，思念家乡。

　　透过黎明时分寒冷的雾气望过去，看到了小摊贩的睫毛上已经挂上了冰珠，但他依然用冻红的双手为自己的生意操劳。

_____

_____

_____

6 注意事项

（1）雾气通常与离别、孤独等情感相关联，要注意雾气的使用与想要传达的情感必须保持契合；

（2）雾气在不同的时间和地点有不同的表现，如北方的寒冷雾气、清晨的朦胧雾气，在描写时要加以选择；

（3）此技法常用在开头或结尾处，用以引出下文或收束全文。

——真理

主题语汇积累

葫芦僧	指鹿为马	颠倒黑白	返璞归真
昭雪	真知灼见	不识庐山真面目	去伪存真
光明大道		真金不怕火来烧	

字词解释

【指鹿为马】指着鹿说是马。比喻有意颠倒黑白，混淆是非。

【返璞归真】去掉外在的装饰，恢复原来质朴、纯真的状态。也作"归真返璞"。返：回归；璞：璞玉，没有加工的玉石；真：纯真，原始状态。

【真知灼见】正确而透彻的见解（不是人云亦云）。

【去伪存真】去除虚假的，保存真实的。

【真金不怕火来烧】比喻真理或立身、行事正直的人经得起考验，不怕任何非议。

主题金句摘用

真理往往掌握在少数人手中。

若果有一腔怨气喷如火，定要感的六出冰花滚似绵，免着我尸骸现。

——关汉卿《窦娥冤》

路曼曼其修远兮，吾将上下而求索。

——屈原《离骚》

北京下雪了，我在操场上挑起一点雪在指尖上，人们都说十指连心，我心头的温暖能够传递到我的指尖，把这误会结成的冰雪立刻融化。果然在期末考试后，我们重归于好，握手言和，这样我们都可以过一个好年。

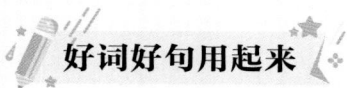

好词好句用起来

指天盟誓

1 **概念：** 通过将个人的情感与自然界的壮观或异常现象联系起来，极言情感的强烈程度。

2 **好处：** 语气非常坚定，强化情感表达。

3 **示例**

> 若果有一腔怨气喷如火，定要感的六出冰花滚似绵，免着我尸骸现。

4 **生用**

例如极言自己的愤怒：

小明仍然佯装无辜，在老师面前将过错一股脑推给我，我的怨气喷涌而出，好似《窦娥冤》里的窦娥：

_____

5 **仿写**

> 若果有一腔怨气喷如火，定要感的六出冰花滚似绵，免着我尸骸现。

若果有一腔志气坚如铁，定要如这长江滚滚向东流，考出个成绩最优秀。

_____

_____

6 注意事项

（1）语气非常坚定，多用在许诺、发誓等场景中；

（2）前后句子最好形成对比，如火与冰，更突出语气的坚定。

如冰融解

1 概念：以"冰的融解"这一自然现象来隐喻人际误会的消除和关系的修复。

2 好处：使原本抽象的关系转变过程变得具体可感，增强了感染力。

3 示例

北京下雪了，我在操场上挑起一点雪在指尖上，人们都说十指连心，我心头的温暖能够传递到我的指尖，把这误会结成的冰雪立刻融化。果然在期末考试后，我们重归于好，握手言和，这样我们都可以过一个好年。

4 生用

例如写自己和朋友关系修复：

我一直期待着和小明冰释前嫌。在我们不欢而散的一周后，

_____

_____

5 仿写

　　北京下雪了，我在操场上挑起一点雪在指尖上，人们都说十指连心，我心头的温暖能够传递到我的指尖，把这误会结成的冰雪立刻融化。果然在期末考试后，我们重归于好，握手言和，这样我们都可以过一个好年。

　　和妈妈吵架后我冲出了家门，到家附近的公园散心，我从树梢上挑起一点雪在指尖上，人们都说十指连心，我心头的温暖能够传递到我的指尖，把这隔阂结成的冰雪立刻融化。果然在一次敞开心扉的交谈后，所有的不愉快都烟消云散，我和妈妈又恢复到了以前的亲密和谐。

＿＿＿＿＿＿＿＿＿＿＿＿＿＿＿＿＿＿＿＿

＿＿＿＿＿＿＿＿＿＿＿＿＿＿＿＿＿＿＿＿

＿＿＿＿＿＿＿＿＿＿＿＿＿＿＿＿＿＿＿＿

＿＿＿＿＿＿＿＿＿＿＿＿＿＿＿＿＿＿＿＿

＿＿＿＿＿＿＿＿＿＿＿＿＿＿＿＿＿＿＿＿

6 注意事项

　　（1）此技法通常用在前后文的过渡连接处，用以承上启下；

　　（2）此技法的目的是暗示人际关系的修复过程，要深入挖掘主人公内心的情感变化，并将其呈现在文中。

识
——
闹
门

奶酪　　百合　　　鹅卵石　　　　白衣天使　　　水嫩嫩的豆腐脑
宣纸　　荣宝斋　　文闱卷纸　　　复写纸　　　　裱画艺人

字词解释

【奶酪】又名干酪，是一种发酵的奶制品。也借指利益。

【宣纸】安徽省宣城市泾县出产的一种高级纸张，用于写毛笔字和画国画。因泾县唐代属宣州，所以叫宣纸。自古有"纸中之王、千年寿纸"的誉称。

【文闱卷纸】科举考试时的试卷纸。

【裱画艺人】装潢中国书画让名作焕发光彩的艺术家。

主题金句摘用

　　素胚勾勒出青花笔锋浓转淡，瓶身描绘的牡丹一如你初妆。冉冉檀香透过窗心事我了然，宣纸上走笔至此搁一半。

　　　　　　　　　　　　　　　——《青花瓷》方文山作词，周杰伦演唱

　　一袭飘然的白衣，衬托一颗纯洁的心；一顶别致的燕帽，守住无数生命的使命。

　　到小三峡终点的时候，我们有了机会上岸，要说是岸，其实只不过是一处滩，上面是细细密密的鹅卵石，这些石头，有一个美丽的名字——三峡石，本身没有什么不同，只是因为它长在三峡，便突出了它的精贵。

——宗璞《三峡散记》

主题语汇积累

一步升华

1 概念： 以描写外貌为开端，将其升华到一个更高的象征层面，用以深化对某种主题或情感的表达。

2 好处： 将情感融入具体描述中，增强读者共鸣。

3 示例

> 一袭飘然的白衣，衬托一颗纯洁的心；一顶别致的燕帽，守住无数生命的使命。

4 生用

例如表达自己对医护人员的赞美：

> 疫情的危急时刻，是医护人员挺身而出，与死神赛跑，为生命接力，_____

_____

5 仿写

> 一袭飘然的白衣，衬托一颗纯洁的心；一顶别致的燕帽，守住无数生命的使命。

一袭橘色的战袍，衬托一颗奉献的心；一项坚固的头盔，守住无数生命的使命。

_____

_____

6 注意事项

（1）要确保选取的具体事物与描述对象的特征相符；

（2）此技法多用在褒义语境中。

本就不同

1 概念：欲扬先抑，先表明某一物体没有什么不同，再强调它某一方面的独特性，突出其某种特质。

2 好处：突出这一事物的独特性，加强读者印象。

3 示例

这些石头，有一个美丽的名字——三峡石，本身没有什么不同，只是因为它长在三峡，便突出了它的精贵。

4 生用

例如写关于三峡石的说明文：

你了解这些石头吗？
_____

_____

5 仿写

这些石头，有一个美丽的名字——三峡石，本身没有什么不同，只是因为它长在三峡，便突出了它的精贵。

这些星宿，有一个美丽的名字——北斗七星，本身没有什么不同，只是因为它们在宇宙中的独特位置，便突出了它们的神秘。

———————————————————————————

———————————————————————————

———————————————————————————

⑥ 注意事项

　　（1）此技法通常用在文段开头处，用以引出下文描写；

　　（2）此技法适用于那些看似平凡实则不平凡的事物，要注意描写对象的选取。

文
——
物哀

玉山上行　　　　白衣卿相　　雪山飞狐　　白素贞
白无常的哭丧棒　　北国之春　　白衣教宗　　雪国的物哀
百年修得同船渡　　白毛女喜儿

字词解释

【玉山上行】好像人行走在玉做的山上一样。形容人像玉一般清修高洁、气宇不凡。语出《世说新语·容止》，描写晋朝的裴楷。

【白衣卿相】指虽无功名在身，地位却与卿相无别的人。一般指尚未发迹的读书人。

【白毛女喜儿】《白毛女》的主人公。她美丽天真，勤劳纯洁，跟父亲艰难度日，父亲惨死后受到黄世仁的残酷虐待，她被激起仇恨与反抗的怒火，逃进深山，以惊人的毅力苦熬岁月，等待报仇。最终虽已满头白发，但她终于迎来"太阳底下把冤申"的一天。

主题金句摘用

北风那个吹，雪花那个飘，雪花那个飘飘，年来到。

——《白毛女·北风吹》

昏天暗地冤情，太阳底下把冤申。

——《白毛女·太阳底下把冤申》

青城山下白素贞，洞中千年修此身，勤修苦练来得道，脱胎换骨变成人。

——贡敏《青城山下白素贞》

见裴叔则，如玉山上行，光映照人。

——刘义庆《世说新语》

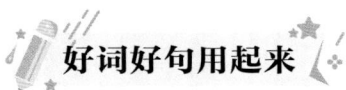

好词好句用起来

日夜反转

①概念： 通过对比象征冤屈、不公的黑暗和象征正义、光明的白天，表达冤情之强烈以及对正义的渴望。

②好处： 形成强烈的对比，增强感染力。

③示例

    昏天暗地冤情，太阳底下把冤申。

④生用

例如夸张描写申冤场景：

    主持公道的王老师姗姗来迟，小明扑上前去，大喊道："我可真是

                    "

⑤仿写

    昏天暗地冤情，太阳底下把冤申。

黑夜沉沉掩真相，黎明曙光昭公道。

_____

_____

⑥注意事项

（1）要确保呈现出强烈的对比效果；

（2）在使用此技法前要进行情节和情感的铺垫，确保日夜反转是合乎逻辑、顺理成章的，否则容易显得突兀。

修炼成精

①概念：用"成精"这一形象的说法形容某人经过长时间的努力，最终达到了超凡的境界。

②好处：形象生动，便于读者直观理解。

③示例

青城山下白素贞，洞中千年修成精。

④生用

例如写阅读中国传统神话故事的感受：

_____我国的传统神话里从来不缺乏执着的内核，如：_____

_____

⑤仿写

青城山下白素贞，洞中千年修成精。

实验二小李大明，五年修成说话精。

❻注意事项

（1）用此技法描写的人必须在某一领域具有突出成就，才符合"修成精"的表述；

（2）此技法常用于文段开头，引出下文对该人物的具体描写。

专
——
砒霜

白色污染　　白炽灯　　留白　　　　汝窑色　　白领结

砒霜　　　　唱白脸　　蒙古白靴　　龙华　　　白璧

字词解释

【白色污染】是对废弃塑料及其制品污染环境现象的一种形象称谓。

【白炽灯】将灯丝通电加热到白炽状态，利用热辐射发出可见光的电光源。

【蒙古白靴】古代蒙古靴中的上品，以皮革制作而成。

【龙华】满族妇女独有的配饰，其底色一般为纯白色，质地为绸缎。

主题金句摘用

甲之蜜糖，乙之砒霜。

——亦舒《曼陀罗》

纵有家财万贯，不如汝瓷一片。

垂胆新瓷出汝窑，满中几英浸云苗。瓶非贮水无由罄，叶解流根自不凋。

——楼钥《戏题胆瓶蕉》

好词好句用起来

红白脸

①概念：形容一个人在不同的场合或者面对不同的人时，表现出截然不同的态度。

②好处：生动展现人物的复杂性格，朗朗上口。

③示例

班长唱完了红脸又唱白脸，老师走后，立马一副高高在上的样子。

④生用

例如描写班长：

　　班长的面孔十分多变，_____

_____

⑤仿写

班长唱完了红脸又唱白脸，老师走后，立马一副高高在上的样子。

爸爸唱完了红脸又唱白脸，客人走后，立马换上了严厉的表情。

_____

_____

_____

⑥注意事项

（1）要确保角色态度的转变在逻辑上是合理的；

（2）在使用此技法时描写要生动形象，让读者更加清晰地感受到角色的变脸术。

蜜糖砒霜

①概念：用蜜糖和砒霜的对比强调同一事物对不同人的不同作用。

②好处：形象生动，对比鲜明，给读者留下深刻印象。

③示例

　　甲之蜜糖，乙之砒霜。做题前先看参考答案对你来说也许是很有帮助的，但对其他同学来说，也许就是毒药。

④生用

例如写学习心得：

　　适合自己的方法最重要。

⑤仿写

　　甲之蜜糖，乙之砒霜。做题前先看参考答案对你来说也许是很有帮助的，但对其他同学来说，也许就是毒药。

　　甲之蜜糖，乙之砒霜。上台演唱对有的同学来说是一次表演，但对另一些人来说可能是丢脸。

_____

_____

_____

❻ 注意事项

（1）蜜糖和砒霜的对比十分鲜明，所以同一事物对不同人的不同作用也应该被突出表现；

（2）此技法的使用要适度，避免读者疲劳。

第 ⑤ 章

沉·香·褐

景
——戈壁

枯叶　　沙漠之舟　　驼铃声声　　茶马古道　　棕榈林

滩涂　　赭色　　　　砾石荒漠　　红褐色峡谷　　黑褐沼泽

字词解释

【茶马古道】以茶叶和马匹为主要交易内容、以马帮为主要运输工具的商品贸易通道，是中国西南民族经济文化交流的走廊。

【滩涂】是海涂、河滩和湖滩的总称，在地貌学上称为"潮间带"，指在潮汐作用下被水浸漫过的潮侵地带。

【赭色】也称作赤红色、深红色。

【砾石荒漠】曾经的古代堆积物经强劲风力作用，吹走较细的物质，留下粗大砾石覆盖于地表，形成砾漠。

主题金句摘用

枯藤老树昏鸦，小桥流水人家。

——马致远《天净沙·秋思》

骆驼的脖子又长又宽，微微弯曲着，它的头很像绵羊，耳朵短而圆，上唇像兔子一样分裂着。

月色朦胧，星光闪烁，一队骆驼行进在无边的沙漠，瀚海茫茫，寂静辽阔，驼铃声声在夜幕中回荡。

定点写景

1 概念：通过固定观察的立足点，以这一定点为中心展开描写，甚至让视线随身体而旋转、移动，以便从多个角度写景状物。

2 好处：将景物写得层次清楚、鲜明逼真，让读者身临其境。

3 初级用法

【要定点】——要固定一个观察点，细致描写周围的景象。

月色朦胧，星光闪烁，一队骆驼行进在无边的沙漠，瀚海茫茫，寂静辽阔。

阳光西斜，晚霞初现，一叶扁舟无声漂荡在平静的湖面，光影粼粼，静谧安详。

_____

_____

4 中级用法

【要调动感官】——在简单写景的基础上调动听觉、触觉或嗅觉。

月色朦胧，星光闪烁，一队骆驼行进在无边的沙漠，瀚海茫茫，寂静辽阔，驼铃声声在夜幕中回荡。

阳光西斜，晚霞初现，一叶扁舟无声漂荡在平静的湖面，光影粼粼，静谧安详，只有鸟鸣声声在林间回荡。

_____

_____

❺ 高级用法

【要发出感想】——在多层次描写景色的基础上，抒发自己由观景生发的感想。

月色朦胧，星光闪烁，一队骆驼行进在无边的沙漠，瀚海茫茫，寂静辽阔，驼铃声声在夜幕中回荡。面对这宏远的大漠景象，我突然生出了一种渺小感，也正是这种感受，让困扰我良久的问题变得微不足道起来。

阳光西斜，晚霞初现，一叶扁舟无声漂荡在平静的湖面，光影粼粼，静谧安详，只有鸟鸣声声在林间回荡。时间仿佛在这一刻静止了，我的心中像有清泉淌过似的，无比放松和惬意。

_____

_____

_____

_____

❻ 注意事项

（1）对景物的描写要注意保持在一个观察点上，不能写这个观察点观察不到的景象；

（2）在使用此技法时可灵活拓展，运用多种感官，如视觉、听觉等。

物

—— 热巧

棕熊　　　　鬃毛　　　　枯叶蝶　　　落栗　　　　羊皮纸

橡木桶　　　榛子　　　　老树根　　　皮革色　　　暖心热巧

字词解释

【枯叶蝶】翅膀形似枯叶的蝴蝶，常常通过伪装成枯叶来躲避天敌。

【落栗】栗子成熟后会从树上自然垂落，人们往往落栗知秋。

【暖心热巧】一杯香浓温润的热巧克力最易温暖人心。

主题金句摘用

零落成泥碾作尘，只有香如故。

——陆游《卜算子·咏梅》

生活就像装在盒子里的巧克力，你永远都不知道下一个的味道。

——《阿甘正传》

　　母亲差人拿来一块点心，是那种又矮又胖名叫"小玛德莱娜"的点心，看来像是用扇贝壳那样的点心模子做的。那天天色阴沉，而且第二天也不见得会晴朗，我的心情很压抑，无意中舀了一勺茶送到嘴边。起先我已掰了一块"小玛德莱娜"放进茶水准备泡软后食用。带着点心渣的那一勺茶碰到我的上腭，顿时使我浑身一震，我注意到我身上发生了非同小可的变化。一种舒坦的快感传遍全身，我感到超尘脱俗，却不知出自何因。

——马塞尔·普鲁斯特《追忆似水年华》

好词好句用起来

细腻状物

❶ 概念：写出物品的特点，运用拟人、比喻等修辞，充分联想，调动五感。

❷ 好处：描写富有层次，充分调动读者的感官体验，使读者沉浸其中。

❸ 初级用法

【要写出特点】——要突出物体的特点，让读者产生深刻印象。

　　例一：母亲着人拿来一块点心，是那种又矮又胖名叫"小玛德莱娜"的点心，看来像是用扇贝壳那样的点心模子做的。

　　例二：妈妈给我带了一份糕点回来，是那种清瘦美丽名叫"荷花酥"的糕点，看来像是着一袭粉裙子的优雅舞者。

　　_____，是_____，看来像是_____。

❹ 中级用法

【要调动五感】——在突出物体特点的基础上增加调动五感的描写，让读者感同身受。

　　例一：母亲着人拿来一块点心，是那种又矮又胖名叫"小玛德莱娜"的点心，看来像是用扇贝壳那样的点心模子做的。我伸出手想要拿取，触碰到的是它细腻的外皮，一触即碎，散发出淡淡的茶香气。抿一口，"小玛德莱娜"悄悄在口中融化，入口的清甜过后是轻淡的、并不突兀的苦涩。

　　例二：妈妈给我带了一份糕点回来，是那种清瘦美丽名叫"荷花酥"的糕点，看来像是着一袭粉裙子的优雅舞者。酥脆清甜的荷花酥一碰到我的上腭，伴随着轻微的咔嚓声，甜味就在我口中爆发开来。一种荷花的清新香气也慢慢在房间中蔓延开来。

_____

_____

_____

_____

_____

❺ 高级用法

【要产生联想】——在写物体的基础上要充分展开联想。

　　例一：母亲着人拿来一块点心，是那种又矮又胖名叫"小玛德莱娜"的点心，看来像是用扇贝壳那样的点心模子做的。

我伸出手想要拿取，触碰到的是它细腻的外皮，一触即碎，散发出淡淡的茶香气。抿一口，"小玛德莱娜"悄悄在口中融化，入口的清甜过后是轻淡的、并不突兀的苦涩。苦涩并没有破坏掉最初的清甜，反而给点心增添了富有余韵的层次感。或许人生的旅程恰和"小玛德莱娜"的口味类似，清甜与苦涩交融，幸福与挫折交织，困境不会破坏我们的旅程体验，只是丰富了人生的韵味。

例二：妈妈给我带了一份糕点回来，是那种清瘦美丽名叫"荷花酥"的糕点，看来像是着一袭粉裙子的优雅舞者。酥脆清甜的荷花酥一碰到我的上腭，伴随着轻微的咔嚓声，甜味就在我口中爆发开来。一种荷花的清新香气也慢慢在房间中蔓延开来。我好像坠入了一个夏天的梦里，变成了一朵荷花，顶着大片大片的粉白花瓣，亭亭站在池塘里。

6 注意事项

（1）在写物时语言要形象生动，描写要具体丰富，为后续联想和调动五感做铺垫；

（2）此技法在进阶使用时要尽量做到过渡自然，不能太突兀。

人——短褐

短褐　　西部牛仔　墨西哥毡帽　印第安人　复古棕皮鞋
蓑笠翁　古铜色　　浅栗色头发　雪茄　　　烂醉如泥

字词解释

【短褐】汉服的一种，又称"竖褐""裋褐"，以劳作方便为目的的便服。

【墨西哥毡帽】墨西哥及美国西南部地区人们经常佩戴的一种大草帽或毡帽，有宽帽檐和高帽顶。

【雪茄】一种用整片纯烟叶制作的烟草制品。

主题金句摘用

短褐穿结，箪瓢屡空，晏如也。

——陶渊明《五柳先生传》

我们随时会看到辛苦的，活得没有意义的，像骆驼一样负担沉重的人们。

——靳佩芬

现实中的牛仔与影屏中神采飞扬的牛仔形象迥然不同。他们满脸尘垢，头戴汗迹斑斑的牛仔帽，颈间围着色彩鲜艳的印花大方巾，身穿宽松下垂的毛织衬衣和沾有血迹和污垢的长套皮裤，脚蹬齐膝的长筒皮靴。

——林素容《美国西部牛仔的真实面貌及其深远影响》

　　一眼便能看出这个女人就是那个孩子的母亲。她同样拥有炯炯有神的黑眼睛、长长的睫毛和如丝的鬓发。当她发现有一个陌生人明目张胆且不加掩饰地以一种欣赏的目光盯着她时，她那棕黄色的面庞上泛起了红晕。她整洁、合体的衣着更加衬托出身段的苗条，她那纤纤细手以及漂亮圆润的脚踝使她的外表更显端庄。奴隶贩子把这一切都看在眼里，他一眼就能看出一个优等女奴身上的优点。

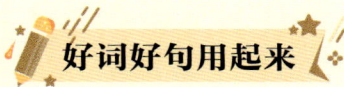

好词好句用起来

"总—分—总"写人法

❶ **概念**：先对人物外部体现出来的特征进行描写，让读者对这个人物有初步认识，再用不同细节描绘这一人物，最后再通过他人眼光来整体表现人物。

❷ **好处**：整体和细节结合，对人物的描写全面细腻且富有层次感。

❸ **示例**

　　一眼便能看出这个女人就是那个孩子的母亲。她同样拥有炯炯有神的黑眼睛、长长的睫毛和如丝的鬓发。当她发现有一个陌生人明目张胆且不加掩饰地以一种欣赏的目光盯着她时，她那棕黄色的面庞上泛起了红晕。她整洁、合体的衣着更加衬托出身段的苗条，她那纤纤细手以及漂亮圆润的脚踝使她的外表更显端庄。奴隶贩子把这一切都看在眼里，他一眼就能看出一个优等女奴身上的优点。

❹ 生用（原封不动，直接引用）

例如写读后感时描写主要人物：

　　小说塑造了伊莱扎这位充满母爱的人物，作者同时着墨于她美好的外貌和品性，小说里这样写道：

_____

_____

_____

_____

_____

❺ 化用（保留"骨骼"，改变"肌肉"）

　　一眼便能看出这个女人就是那个孩子的母亲。她同样拥有炯炯有神的黑眼睛、长长的睫毛和如丝的鬓发。当她发现有一个陌生人明目张胆且不加掩饰地以一种欣赏的目光盯着她时，她那棕黄色的面庞上泛起了红晕。她整洁、合体的衣着更加衬托出身段的苗条，她那纤纤细手以及漂亮圆润的脚踝使她的外表更显端庄。奴隶贩子把这一切都看在眼里，他一眼就能看出一个优等女奴身上的优点。

　　一眼便能看出妈妈就是外婆的"翻版"。她同样拥有深邃安宁的眼睛、乌黑健康的长发和温暖随和的笑容。当遇到生活或工作上的难题时，她也毫不气馁，目光反而更加冷静锐利。她整洁、得体的衣着更加衬托出她态度的认真，她那总是挽起的袖子使她的气质更显干练。我把这一切都看在眼里，下定决心要成为和外婆、妈妈一样的人。

　　一眼便能看出＿＿＿＿＿＿＿＿＿＿＿＿＿＿＿＿＿＿＿＿＿＿。

＿＿＿＿＿＿＿＿＿＿＿＿＿＿＿＿＿＿＿＿＿＿＿＿＿＿＿＿＿＿＿

＿＿＿＿＿＿＿＿＿＿＿＿＿＿＿＿＿＿＿＿＿＿＿＿＿＿＿＿＿＿＿

＿＿＿＿＿＿＿＿＿＿＿＿＿＿＿＿＿＿。＿＿＿＿＿＿把这一切都看在

眼里，＿＿＿＿＿＿＿＿＿＿＿＿＿＿＿＿＿＿＿＿＿＿＿＿＿＿。

6 活用（形散意存）

不再使用"一眼便能看出""把这一切都看在眼里"这样的明显提示句子，即"形散"，但要有由整体到细节再到整体的描写结构，即"意存"。

　　无论在哪儿，他都是让人难以忽视的存在。他身材高大、体格健壮，镜片后的眼睛总是发出锐利的光芒，乌黑整齐的短发又为他添了一份利落。在工作中他是一位出色的领导者，总能带领团队高效完成任务。他也总能将自己的生活安排得井井有条、松弛有度。他就是这样一个人，在很多方面都让人佩服。

＿＿＿＿＿＿＿＿＿＿＿＿＿＿＿＿＿＿＿＿＿＿＿＿＿＿＿＿＿＿＿

＿＿＿＿＿＿＿＿＿＿＿＿＿＿＿＿＿＿＿＿＿＿＿＿＿＿＿＿＿＿＿

_____

_____

_____

_____

7 注意事项

（1）要合理安排写作内容，使之符合"总—分—总"的结构；

（2）在总写时要抓住人物整体的突出特点，在分写时要尽可能地细腻、全面。

事

——耍猴

烘焙　　猴急　　泼茶香　　深陷泥淖　　泥菩萨过江

熏陶　　耍猴　　和稀泥　　革命一块砖　　一把屎一把尿

字词解释

【泼茶香】出自宋代词人李清照、赵明诚夫妇"赌书泼茶"的故事。

【泥菩萨过江】指连自己都保护不了，更顾不上救别人了。

【和稀泥】指做事谁也不得罪，比喻调和纷争，多指无原则地调和或折中，出自地方方言。

【革命一块砖】著名口号，出自：我是革命一块砖，哪里需要哪里搬。喻指服从安排，无论放到哪里都要发挥最大作用。

【一把屎一把尿】俗语，形容抚养孩子十分辛劳。

主题金句摘用

足蒸暑土气，背灼炎天光。力尽不知热，但惜夏日长。

——白居易《观刈麦》

赌书消得泼茶香，当时只道是寻常。

——纳兰性德《浣溪沙·谁念西风独自凉》

指点江山，激扬文字，粪土当年万户侯。

——毛泽东《沁园春·长沙》

拿着两包火柴，顺着大道他往西直门走。没走出多远，他就觉出软弱疲乏来了。

——老舍《骆驼祥子》

好词好句用起来

创设环境

❶概念： 在叙事、写人前，先描绘环境，为事件的发生和人物的出场提供环境背景。

❷好处： 渲染气氛，使读者自然进入情境；奠定基调。

❸初级用法

【要写真实地标】——要在写环境时融入真实地标，增强环境真实感。

例一：拿着两包火柴，顺着大道他往西直门走。没走出多远，他就觉出软弱疲乏来了。

例二：漫步在香榭丽舍大道上，络绎不绝的行人和精致典雅的建筑无一不彰显着巴黎的浪漫。

_____

_____

_____

_____

❹中级用法

【要写真实建筑名】——加入真实建筑名，进一步强化环境感知。

例一：拿着两包火柴，顺着大道他往西直门走。没走出多远，只是到了老城门附近，他就觉出软弱疲乏来了。

例二：漫步在香榭丽舍大道上，络绎不绝的行人和精致典雅的建筑无一不彰显着巴黎的浪漫。远处屹立着的埃菲尔铁塔仿佛串联起了历史和现在，为这座城市增添了历史的底蕴。

_____

_____

_____

❺高级用法

【要写真实动植物】——增加真实的动植物名到环境创设描写中。

例一：拿着两包火柴，顺着大道他往西直门匆匆走去，路边的古槐树注视着他。没走出多远，只是到了老城门附近，他就觉出软弱疲乏来了。

例二：漫步在香榭丽舍大道上，络绎不绝的行人和精致典雅的建筑无一不彰显着巴黎的浪漫。远处屹立着的埃菲尔铁塔仿佛串联起了历史和现在，为这座城市增添了历史的底蕴。一群鸽子低空掠过，好似在宣告着巴黎现在的生机与活力。

_____

_____

_____

_____

_____

❻ 注意事项

（1）描写环境不一定要面面俱到，突出环境的核心特点即可；

（2）环境描写所营造的氛围不能与事件基调相冲突；

（3）此技法多用在开头。

情
——
醋
坛

打翻了醋坛子　　争风吃醋　　寸土不让　　化作春泥
大地母亲　　　　栗栗不安　　护花使者　　尘归尘，土归土
怀土之情　　　　溥天之下，莫非王土

字词解释

【打翻了醋坛子】比喻在男女关系上嫉妒心很强的人，"醋坛子"也可说作"醋罐子"。

【怀土之情】怀念故乡的情感。怀：怀念；土：故土，家乡。

【溥天之下，莫非王土】出自《诗经·北山》，意为：以天下之大，都是王需要为之负责的。

主题金句摘用

马嵬坡下泥土中，不见玉颜空死处。

——白居易《长恨歌》

落红不是无情物，化作春泥更护花。

——龚自珍《己亥杂诗》

血沃中原肥劲草，寒凝大地发春华。英雄多故谋夫病，泪洒崇陵噪暮鸦。

——鲁迅《无题》

大地的诗歌从来不会死亡：

当所有的鸟儿因骄阳而昏晕，

隐藏在阴凉的林中，就有一种声音

在新割的草地周围的树篱上飘荡，

那就是蝈蝈的乐音啊！它争先

沉醉于盛夏的豪华，它从未感到

自己的喜悦消逝，一旦唱得疲劳了，

便舒适地栖息在可喜的草丛中间。

大地的诗歌呀，从来没有停息：

在寂寞的冬天夜晚，当严霜凝成

一片宁静，从炉边就弹起了

蛐蛐的歌儿，在逐渐升高的暖气，

昏昏欲睡中，人们感到那声音

仿佛就是蝈蝈在草茸茸的山上鸣叫。

——济慈《蝈蝈和蛐蛐》

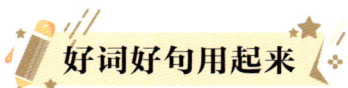

好词好句用起来

动静结合

❶ 概念：在一种意境里描写动态与静态的手法，常常是以静为主、以动衬静。

❷ 好处：以动衬静，能够凸显其静，营造静谧氛围。

❸ 示例

　　当严霜凝成一片宁静，从炉边就弹起了蟋蟀的歌儿。

❹ 生用

例如描写冬夜时家人围坐的场景：

　　我们一家人围着火炉团坐着，

_____

❺ 仿写

　　例一：当严霜凝成一片宁静，从炉边就弹起了蟋蟀的
歌儿。

　　例二：当沉沉睡去的鸟儿融入夜色的画卷，月色下僧
人的敲门声间歇不断地传来。

_____

_____

❻ 注意事项

（1）虽然同时有动和静，但仍然要注意保持意境和形象的和谐
统一；

（2）描写景物要形象生动，可借助多种修辞手法。

想

—

贪馋

提拉米苏　　焦糖玛奇朵　　热拿铁　　可乐不可乐

中药汤剂　　梅菜扣肉　　炸酱面　　长岛冰茶

日本味噌汤　　肉骨茶

字词解释

【中药汤剂】指将药材饮片或粗颗粒加水煎煮或沸水浸泡后，去渣取汁而得到的液体制剂。除此之外，中药的成药还有丸、散、膏、丹等类别。

【长岛冰茶】虽然取名冰茶，却是在没有使用半滴红茶的情况下就调制出的具有红茶色泽与口味的美味鸡尾酒。

【日本味噌汤】味噌是黄豆发酵而成的面豉酱，一般可以跟海鲜一起煮汤，味道非常鲜美，还能做成火锅的汤底。

主题金句摘用

肉骨茶是一种吃肉骨兼饮茶的饮食方式，风味享誉海内外。肉骨茶分为新加坡的潮州派及马来西亚的福建派。

焦糖玛奇朵（Caramel Macchiato）是在香浓热牛奶里加入浓缩咖啡、香草，再淋上纯正焦糖而制成的饮品。Macchiato 意大利文的意思是"烙印"和"印染"，中文音译"玛奇朵"。"Caramel"意思是焦糖。焦糖玛奇朵，寓意"甜蜜的印记"。

205

提拉米苏（Tiramisu）是一种带咖啡酒味儿的意大利甜点。在意大利语里提拉米苏的意思是"马上把我带走"。

五感家乡味

❶概念：在写家乡食物时把所有真实的感觉调动起来，让这五种感觉引导发掘更多侧面，然后发挥想象，把"五感"收集到的信息写入作文。

❷好处：描写更加真实生动，给予读者代入感和体验感。

❸初级用法

【要写味觉和视觉】——味觉和视觉描写是写食物的基础。

甜米混合盐和辣椒，一同塞进饱满圆润的鱼腹中，稻花鱼适合直接吃，也适合蒸或油炸，不管用哪种做法，都盖不住腌鱼和糯米造就的迷人酸甜。

说起北京味道，老北京炸酱面是必须提的。一碗好吃的炸酱面，肉丁晶莹剔透，亮中透红，被酱淋透了的面条散发着诱人的晶莹。肉丁的鲜嫩和酱香的醇厚交织在一起，构成了街头巷尾的北京风味。

_____

_____

❹中级用法

【要写嗅觉】——做到食物描写的色香味俱全。

　　甜米混合盐和辣椒，一同塞进饱满圆润的鱼腹中，稻花鱼适合直接吃，也适合蒸或油炸，不管用哪种做法，都盖不住腌鱼和糯米造就的迷人酸甜。经过炭火的缓慢熏烤和空气的风干发酵，稻花鱼的香味到达了顶峰，盐和辣椒的刺激、甜米的香甜、鱼的鲜美交织在一起，让人只想大快朵颐。

　　说起北京味道，老北京炸酱面是必须提的。一碗好吃的炸酱面，酱香浓郁，肉丁晶莹剔透，亮中透红，香味沉郁。被酱淋透了的面条十分入味，散发着诱人的晶莹。肉丁的鲜嫩和酱香的醇厚交织在一起，构成了街头巷尾的北京风味。

_____

_____

_____

_____

❺高级用法

【要写触觉或听觉】——使食物描写具有新意。

　　甜米混合盐和辣椒，一同塞进饱满圆润的鱼腹中。将稻花鱼放在炭火上慢慢熏烤，轻微的噼啪声不断响起。稻花鱼适合直接吃，也适合蒸或油炸，不管用哪种做法，都盖不住腌鱼和糯米造就的迷人酸甜。经过炭火的缓慢熏烤和空气的风干发酵，稻花鱼的香味到达了顶峰，盐和辣椒的刺激、甜米的香甜、鱼的鲜美交织在一起，让人只想大快朵颐。

　　说起北京味道，老北京炸酱面是必须提的。一碗好吃的炸酱面，酱香浓郁，肉丁晶莹剔透，亮中透红，香味沉郁。被酱淋透了的面条十分入味，咬劲十足，散发着诱人的晶莹。肉丁的鲜嫩和酱香的醇厚交织在一起，构成了街头巷尾的北京风味。

_____

_____

_____

_____

_____

6 注意事项

（1）使用此技法时不一定要追求五感的面面俱到，应根据食物特点灵活选择重点展示的侧面；

（2）描写食物时要真实细腻，让读者有代入感。

议
——
拆墙

积土成山　　　云泥之别　　　出云入泥　　　麻雀虽小

挖墙脚　　　　火中取栗　　　沐猴而冠　　　猴子称大王

视金钱如粪土　面要钱卤不要钱

字词解释

【挖墙脚】比喻拆台，为贬义词。现指挖取竞争对手相关的人员、技术，从而使利益达到最大化，使对方利益遭到根本性的损坏。

【猴子称大王】全句为"山中无老虎，猴子称大王"，比喻没有出色的人，普通人物也可以充当重要角色。

【面要钱卤不要钱】出自小品《不差钱》，一般讽刺因为某些原因而占便宜的行为。

主题金句摘用

最清晰的脚印往往印在最泥泞的路上。

李奶奶：别说这个。有堵墙是两家，拆了墙咱们就是一家子。
铁梅：奶奶，不拆墙咱们也是一家子。

——《红灯记》

信仰是心中的绿洲，思想的骆驼队是永远走不到的。

——纪伯伦

运用哲理

❶ **概念**：借助哲理将自己的观点或思想诗意化、通俗化，以传达作文的主旨大意。

❷ **好处**：激发读者阅读兴趣，使读者印象深刻。

❸ **初级用法**

【从名言中感悟哲理】——直接引用名言并延伸论述。

　　《长歌行》中有"少壮不努力，老大徒伤悲"，此句就是警示人们珍惜时间，年少时要刻苦努力，切勿等到老了才去懊恼年少时的荒废。

_____

_____

_____

❹ **中级用法**

【从故事中推导哲理】——由一个经典故事出发，适当引用名言来进行哲理推导，比直接引用名言更丰富。

　　古今闻名的哲学家泰勒斯身上曾发生过一件让人"啼笑皆非"的事。有一天晚上，他沉浸在夜空的神秘之中，专注地观察星象，忘了低头看路，不慎跌入了一个深坑之中。有人嘲笑他，说他只知道天上的事情，却看不见脚下的路。不同于当时众人的嘲笑，黑格尔评价道："只有那些永远躺在坑里从不仰望高空的人，才不会掉进坑里。"泰勒斯的故事已经过去了几千年，他的精神却仍然熠熠生辉，灿如珍宝。正如泰勒斯对深空的着迷，好奇和求知永远是我们前行的不竭动力；泰勒斯跌入的深坑，也提醒着我们前行路上必定有着不可避免的挫折和失败。

_____

_____

_____

5 高级用法

【从多个事例中感悟哲理】——一次写出多个具有相同哲理的不同事例，以进行强有力的论证。

爱国是我们每个中国人心底最深处最真挚醇厚的情感，忧国忧民是诗词史上亘古不变的主题。战后凄惨生活中，杜甫写下"安得广厦千万间，大庇天下寒士俱欢颜"。生命垂危之际，陆游写下"王师北定中原日，家祭无忘告乃翁"。被俘被羞辱之时，文天祥写下"人生自古谁无死？留取丹心照汗青"。

_____

_____

_____

_____

_____

_____

❻注意事项

（1）引用名言或叙述故事后不能直接得出结论，需要在写作中将其与哲理过渡、关联；

（2）此技法形式多样，在使用时要灵活选择。

识
——
百搭

主题语汇积累

现磨咖啡	茶宠	火漆封缄	棕褐百搭
中国护照	孙行者	老年斑	黔金丝猴
褐色鹈鹕	约旦佩特拉古城		

字词解释

【火漆封缄】是一种用点熔火漆滴于信函（物件）封口，结硬前钤印，防范被拆的封缄形式。

【黔金丝猴】分布于中国贵州省境内武陵山脉之梵净山，是中国特有的国家一级保护动物。

【约旦佩特拉古城】它是从岩石中雕凿出来的，以岩石的色彩而闻名于世。佩特拉因其色彩而常常被称为"玫瑰红城市"。这源于19世纪英国诗人 J.W. 柏根的一首诗里的一句："一座玫瑰红的城市，其历史有人类历史的一半。"

主题金句摘用

世界上销售量最大的皮鞋颜色是棕色，因为它"可甜可盐"，可与冷色调搭配，和暖色调组合在一起也很协调。

暖暖阳光懒懒爬进窗，悠悠微醺淡淡咖啡香。

哪里有天才，我是把别人喝咖啡的工夫，都用在工作上的。

——鲁迅

没"我"不行

❶ 概念： 通过强调某一物体在某一功能方面的无可替代性来突出这一物体的重要性。

❷ 好处： 语气强烈，重点突出。

❸ 示例

没有咖啡，就无法写作。因为咖啡是黑色的油，只有这种黑油能一再发动这台神奇的写作机器。

❹ 生用（原封不动，直接引用）

例如写咖啡对写作的重要性：

咖啡对巴尔扎克的写作十分重要：

_____

❺ 化用（保留"骨骼"，改变"肌肉"）

没有咖啡，就无法写作。因为咖啡是黑色的油，只有这种黑油能一再发动这台神奇的写作机器。

没有太阳，就不会存在朝霞。因为太阳是火种，只有这样的温度能一再点燃这盏通红的朝霞灯笼。

_____。_____是_____，

_____能_____。

6 活用（形散意存）

不再使用"……是……能……"的严格句式，即"形散"，但要保留对某一物体特定功能独特性的强调，即"意存"。

　　有黑夜的存在才能宣告黎明的降临。黑夜将暗色不断铺展，沉沉遮住整片天空，使得黎明的第一缕光显现出绚烂的轮廓。

_____

_____

_____

_____

_____

7 注意事项

（1）此技法涉及两种事物，在写作中要强调一种事物对另一种事物不可替代的重要性；

（2）此技法常用在开头，以引出下文的具体描写。

文

——

沉香

沉香　　角黍　　野马分鬃　　盘核桃　　　老北京吹糖人

雁阵　　乐土　　昆仑奴　　　人猿泰山　　敦煌莫高窟

字词解释

【角黍】古时候指的是现今大家所说的粽子。

【野马分鬃】是武术运动中的拳掌类基础动作，因运动状态与奔驰野马的鬃毛左右分披相似而得名。类似带有动物名称的武术动作还有白鹤亮翅、黑虎掏心、猴子偷桃等。

【盘核桃】是指要把自己手中的文玩核桃把玩出包浆厚重的效果。

【昆仑奴】某类域外人的泛称。多见于唐宋时期的域外民族，肤色黝黑，体貌类似今非洲人。大多自海道入华，往往充任随从、仆役。《唐传奇》中就有一部作品《昆仑奴传》。

主题金句摘用

燎沉香，消溽暑，鸟雀呼晴，侵晓窥檐语。

——周邦彦《苏幕遮·燎沉香》

逝将去女，适彼乐土。乐土乐土，爱得我所。

——《诗经·硕鼠》

风吹起你的头发

一张棕色的小网

撒满我的面颊

我一生也不想挣脱

——海子《海上婚礼》

　　端午节，我们那里的孩子兴挂"鸭蛋络子"。头一天，就由姑姑或姐姐用彩色丝线打好了络子。端午一早，鸭蛋煮熟了，由孩子自己去挑一个，鸭蛋有什么可挑的呢？有！一要挑淡青壳的。鸭蛋壳有白的和淡青的两种。二要挑形状好看的。别说鸭蛋都是一样的，细看却不同。有的样子蠢，有的秀气。挑好了，装在络子里，挂在大襟的纽扣上。这有什么好看呢？然而它是孩子心爱的饰物。鸭蛋络子挂了多半天，什么时候孩子一高兴，就把络子里的鸭蛋掏出来，吃了。端午的鸭蛋，新腌不久，只有一点淡淡的咸味，白嘴吃也可以。

　　孩子吃鸭蛋是很小心的。除了敲去空头，不把蛋壳碰破。蛋黄蛋白吃光了，用清水把鸭蛋壳里面洗净，晚上捉了萤火虫来，装在蛋壳里，空头的地方糊一层薄罗。萤火虫在鸭蛋壳里一闪一闪地亮，好看极了！

——汪曾祺《端午的鸭蛋》

一线串珠

①概念： 在写叙事散文时，通过一些明显的衔接句子不断延伸叙事，使前后叙事像串在一起的珠子一样。

②好处： 使叙事和情感连贯，牢牢吸引读者注意力。

③初级用法

【用时间词串联】——使用明显的时间词来推进叙事。

　　端午节，我们那里的孩子兴挂"鸭蛋络子"。头一天，就由姑姑或姐姐用彩色丝线打好了络子。端午一早，鸭蛋煮熟了，由孩子自己去挑一个。

　　除夕夜，我们那里的孩子喜欢吃烤糍粑。提前几天，奶奶就会蒸好糯米，请人来捣成糍粑。除夕一早，糍粑被放上了炭火炉，烤熟后，由孩子自己去挑一个。

_____

_____

_____

④中级用法

【用设问句串联】——使用设问句，自问自答，实现文章的向下推进。

　　端午节，我们那里的孩子兴挂"鸭蛋络子"。头一天，就由姑姑或姐姐用彩色丝线打好了络子。端午一早，鸭蛋煮熟了，由孩子自己去挑一个，鸭蛋有什么可挑的呢？有！一要挑淡青壳的。鸭蛋壳有白的和淡青的两种。二要挑形状好看的。别说鸭蛋都是一样的，细看却不同。有的样子蠢，有的秀气。挑好了，装在络子里，挂在大襟的纽扣上。这有什么好看呢？然而它是孩子心爱的饰物。鸭蛋络子挂了多半天，什么时候孩子一高兴，就把络子里的鸭蛋掏出来，吃了。端午的鸭蛋，新腌不久，只有一点淡淡的咸味，白嘴吃也可以。

除夕夜，我们那里的孩子喜欢吃烤糍粑。提前几天，奶奶就会蒸好糯米，请人来捣成糍粑。除夕一早，糍粑被放上了炭火炉，烤熟后，由孩子自己去挑一个。烤糍粑有什么可挑的呢？有！一是要挑没有被炭火熏成黑色的，二是要挑外形圆润饱满的。挑好了，撒上糖，用筷子串起来，耐心地举着吃。

❺ 高级用法

【用叙事句串联】——不出现明显的过渡句子，但通过某一个有实意的句子实现话题的扩展。

　　端午节，我们那里的孩子兴挂"鸭蛋络子"。头一天，就由姑姑或姐姐用彩色丝线打好了络子。端午一早，鸭蛋煮熟了，由孩子自己去挑一个，鸭蛋有什么可挑的呢？有！一要挑淡青壳的。鸭蛋壳有白的和淡青的两种。二要挑形状好看的。别说鸭蛋都是一样的，细看却不同。有的样子蠢，有的秀气。挑好了，装在络子里，挂在大襟的纽扣上。这有什么好看呢？然而它是孩子心爱的饰物。鸭蛋络子挂了多半天，什么时候孩子一高兴，就把络子里的鸭蛋掏出来，吃了。端午的鸭蛋，新腌不久，只有一点淡淡的咸味，白嘴吃也可以。

　　孩子吃鸭蛋是很小心的。除了敲去空头，不把蛋壳碰破。蛋黄蛋白吃光了，用清水把鸭蛋壳里面洗净，晚上捉了萤火虫来，装在蛋壳里，空头的地方糊一层薄罗。萤火虫在鸭蛋壳里一闪一闪地亮，好看极了！

　　除夕夜，我们那里的孩子喜欢吃烤糍粑。提前几天，奶奶就会蒸好糯米，请人来捣成糍粑。除夕一早，糍粑被放上了炭火炉，烤熟后，由孩子自己去挑一个。烤糍粑有什么可挑的呢？有！一是要挑没有被炭火熏成黑色的，二是要挑外形圆润饱满的。挑好了，撒上糖，用筷子串起来，耐心地举着吃。

　　孩子虽然对烤糍粑很有热情，但没吃完一个就开始感觉腻了。他们开始玩投掷的游戏。把糍粑小心地撕成结实的小块，互相向对方身上用力掷去，你来我往，不亦乐乎。奶奶也只能在旁边叹气看着，笑骂孩子们浪费粮食。

_____

_____

_____

_____

_____

_____

_____

_____

_____

6 注意事项

（1）随着用法的升级，过渡词、过渡句越来越不明显，连贯程度相应更高，在写作中尽量升级技法；

（2）此技法适合用在叙事散文中。

专

——

陶泥

陶土　　猛犸　棕红页岩　　澳大利亚人种　　亚洲人瞳孔
棕刚玉　泥塑　澄泥砚　　仰韶陶文化　　半坡人面鱼纹陶盆

字词解释

【陶土】颗粒大小不一致，常含砂粒、粉砂和黏土，主要用作烧制地砖、陶器具等。

【亚洲人瞳孔】亚洲地区，大部分人的瞳孔都是深棕色，深棕色会让人的眼睛看起来比较深邃，很多好看的眼睛看起来像琥珀一样耀眼。

【澄泥砚】澄泥砚与端砚、歙砚、洮砚并称为"四大名砚"，澄泥砚是四大名砚中唯一一种由泥合成的名砚。

主题金句摘用

闲几砚中窥水浅，落花径里得泥香。

——郑谷《燕》

只见人家泥人张听赛没听，左手伸到桌子下边，打鞋底下抠下一块泥巴。右手依然端杯饮酒，眼睛也只瞅着桌上的酒菜，这左手便摆弄起这团泥巴来；几个手指飞快捏弄，比变戏法的刘秃子的手还灵巧。

——冯骥才《俗世奇人·泥人张》

都说"独木不成林，独石不成山"，但是艾尔斯巨石却是一座举世无双的独石山。

好词好句用起来

文化底蕴

1 概念：通过多种形式在文章中展现中华传统文化的相关积累。

2 好处：展现文化素养，提升思想水准和艺术品位。

3 初级用法

【融入中国元素】——将中国元素恰当地融入自己的叙述内容中，包括戏曲、音乐、绘画、书法等元素，也包括茶文化、饮食文化、器具文化、历史典故等文化。

　　自从我迷上了画画，妈妈就经常在周末陪我去爬山、划船、逛公园、做手工……她说，艺术是生活的镜子，对生活的仔细观察和耐心体会是创作的不竭动力，如考古发现的万年前的人面鱼纹陶盆，人面的圆形、脸上的半弧形可能是从日月天象中感知到的，菱形的鱼身也许是从渔网中获得的创作灵感，古人从生活中汲取灵感，创作出了生动的艺术作品。妈妈希望我也能如此，从点滴小事中找到创作的灵感。

❹中级用法

【引述诗文名句】——行文时恰到好处地引入与主题或论点相关的诗词名句。

　　行至黄河壶口瀑布，滔滔流水奔腾而下，声势浩大，震撼人心。眼前的流水将我的思绪带得很远。我想到了李白的诗句："君不见黄河之水天上来，奔流到海不复回。"流水不复回，所以才总是和分离、思念联系在一起吧。李白为孟浩然写下"孤帆远影碧空尽，唯见长江天际流"。李之仪为红颜知己写下"我住长江头，君住长江尾，日日思君不见君，共饮长江水"。古往今来，流水见证了多少离愁别绪！

❺高级用法

【评说文化名人】——精心选取倾心、熟稔的文化名人，在叙述其事的基础上用议论的方式进行评价。

即便遥隔了近十个世纪，苏轼的旷达精神仍然能在某些时候轻拂过我心头，抚慰我焦虑的心。因乌台诗案被贬黄州后，苏轼并没有因政治理想受挫而自暴自弃，而是以旷达的精神不断自我疗愈。他沉浸于山林美景，陶醉在月夜湖光；他举杯畅饮，不醉不归，也布衣芒鞋，漫步田间。他的人格魅力始终激励着我，面对挫折和困难时，一句"莫听穿林打叶声，何妨吟啸且徐行"便能为我注入继续前行的动力。

_____

_____

_____

_____

_____

_____

❻ 注意事项

（1）有多种方式可以展现文化底蕴，选取最合适的一种即可；

（2）使用此技法时可直接引用或化用诗词名句，降低写作难度。

第 ⑥ 章

碧·波·绿

景

——浓荫

碧波　　绿毯　　　浅草　　　碧空如洗　　绿水青山

树冠　　水天一色　　岸柳成行　　葱翠　　　浓翠蔽日

字词解释

【碧波】指碧绿色的水波。

【水天一色】指水面好像和天相接，同为一色。形容水天相接的辽阔景象。

【岸柳成行】河湖岸上的柳树非常多，排成一行。

【葱翠】指草木茂盛青翠。

【浓翠蔽日】形容树木茂密，能够遮挡阳光。

主题金句摘用

燕草如碧丝，秦桑低绿枝。当君怀归日，是妾断肠时。春风不相识，何事入罗帏？

——李白《春思》

软泥上的青荇，油油的在水底招摇；在康河的柔波里，我甘心做一条水草！

——徐志摩《再别康桥》

静静地走在这个绿肥红瘦的五月，心，是清宁的，情，是葱茏的，爱，也如一汪澄净明亮的清水，都显得是那么的恬淡而从容。

欲把西湖比西子，淡妆浓抹总相宜。

——苏轼《饮湖上初晴后雨》

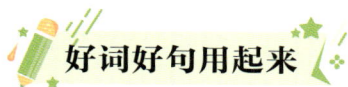

好词好句用起来

诗歌改写

1 概念：把诗歌改成散文格式，用于文章开头。

2 好处：使语言表达更为典雅，让读者快速进入场景。

3 示例：

春，踏着轻快的脚步，迎面走来。阳春三月，万物复苏，西湖美景，如诗如画，正所谓"欲把西湖比西子，淡妆浓抹总相宜"。仿佛世外桃源，人间仙境，那独一无二的天下奇景宛若下凡的仙子，出水芙蓉。

4 生用（原封不动，直接引用）

当冬天散去最后一抹凛冽，

_____

_____

5 化用（保留"骨骼"，改变"肌肉"）

在微风拂面的夏日午后，西湖水泛起涟漪，犹如一张轻纱覆盖在美人面上。她柔美而含蓄，恍若迷雾中的细腻花朵，微波荡漾是她清新蓝裙的轻柔舞动，裙尾则杂糅着天空、云彩和山峦交融的颜色。这等美景，简直是"欲把西湖比西子，淡妆浓抹总相宜"的真实写照。

_____

_____

_____

_____

_____欲把西湖比西子，淡妆浓抹总相宜_____

6 活用（形散意存）

不再化用"欲把西湖比西子，淡妆浓抹总相宜"，即"形散"，但保留诗歌改写的用法，即"意存"。

回到阔别已久的家乡时正值金秋，老家院子里的篱笆旁冒出了几朵野菊花，不那么精致却别有些野趣。村庄被小山环抱着，青山似是被袅袅炊烟模糊了轮廓，仍显出不动声色的巍峨。在外婆拉长的吆喝里，在隐隐笼罩的麦香中，我第一次领会到了"采菊东篱下，悠然见南山"的闲适宁静。

_____

_____

_____

_____

7 注意事项

（1）不要大段改写或扩写，否则喧宾夺主，文章变成了古诗翻译；

（2）作为改写，可以不出现原诗句，但在此情况下，首先不能写得太过模糊以至于看不出来是诗句化用，其次最好选取大众较为熟知的诗词；若在以上两点有所欠缺，最好将原诗句巧妙嵌入语段中。

物

——碧玉

| 翡翠 | 母绿 | 柳丝 | 盆景 | 荷叶上的蛙 |
| 绿洲 | 圣诞树 | 青鸟 | 迎客松 | 螳螂凶猛如饿虎 |

字词解释

【翡翠】翡翠属于硬玉类，是在地质作用下形成的达到玉级的石质多晶集合体。

【柳丝】指垂柳枝条细长如丝。

【青鸟】青鸟是一种常见的类似麻雀大小的青蓝色小鸟。神话传说中为西王母取食传信的神鸟。

【迎客松】迎客松在黄山玉屏楼右侧、文殊洞之上，倚青狮石破石而生，树龄至少已有1300年，黄山"四绝"之一。其一侧枝丫伸出，如人伸出一只臂膀欢迎远道而来的客人，另一只手优雅地斜插在裤兜里，雍容大度，姿态优美。

主题金句摘用

犹胜道傍柳，无事荡春风。

——孟郊《乐府三首》

水满有时观下鹭，草深无处不鸣蛙。

——陆游《幽居初夏》

雨下听新蛙，阡陌呼应着阡陌，好像四野的水田，一夜之间蠢蠢地活了过来。这是一种比寂静更蛮荒的寂静。

——余光中

我曾见过北京什刹海拂地的绿杨，脱不了鹅黄的底子，似乎太淡了。我又曾见过杭州虎跑寺近旁高峻而深密的"绿壁"，丛叠着无穷的碧草与绿叶的，那又似乎太浓了。其余呢，西湖的波太明了，秦淮河的也太暗了。可爱的，我将什么来比拟你呢？

——朱自清《绿》

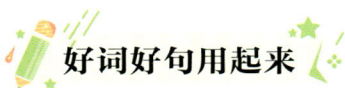

好词好句用起来

多维衬托

1 概念：通过用不同时空不同事物的衬托展现此时此景的独特。

2 好处：增强画面感，突出所描写事物的特点。

3 示例：

我曾见过北京什刹海拂地的绿杨，脱不了鹅黄的底子，似乎太淡了。我又曾见过杭州虎跑寺近旁高峻而深密的"绿壁"，丛叠着无穷的碧草与绿叶的，那又似乎太浓了。其余呢，西湖的波太明了，秦淮河的也太暗了。可爱的，我将什么来比拟你呢？

4 生用（原封不动，直接引用）

梅雨潭的绿是一种别样的美丽。

_____

_____

5 化用（保留"骨骼"，改变"肌肉"）

我曾见过大兴安岭绿海绵延，东北的粗犷孕育其中，似乎太深重了。我又曾见过青海湖映照天空，明镜似的湖面永远平静，永远澄澈，它似乎又太空灵了。

我曾见过_____

_____。我又曾见过

_____。

6 活用（形散意存）

不再使用"我曾见过"作为开头，即"形散"，但保留多维度事物衬托的手法，即"意存"。

你要写绿，就不能只写绿。要写夏日蝉鸣，河边树荫；要写碧海青天，一望无际；要写幼时冰糕，白瓷绿汤……如果恰好有风吹过，你还可以写飘动的柳枝，清脆的风铃，缱绻的睡意与回忆的思绪。

_____

_____

_____

_____

7 注意事项

（1）多维衬托的核心在于不同时空和地点的事物，所以也可以作为一条线索串联时空，作为全文行文脉络；

（2）要注意选取对象的多元化，不要局限于同类事物，如要写湖水，不要只用其他湖做对比，而是要抓住最想要描写的特点，从而展开到其他事物。

人

——常青

绿林好汉　　变色龙　　　玉树临风　　披罗戴翠　　开枝散叶
碧眼儿　　　青筋暴起　　常青树　　　惨绿少年　　青蛙王子

字词解释

【绿林好汉】指的是除暴安良、劫富济贫的英雄人物。

【变色龙】是一种爬行动物，可以改变自己的身体颜色。比喻在生活中善于变化和伪装的人，或者比喻立场不稳、见风使舵的人。

【玉树临风】形容人像玉树一样十分潇洒，秀美多姿（多指男子）。

【披罗戴翠】指衣饰华丽。

【开枝散叶】本意是指种下枝苗后，树苗茁壮成长，长成参天大树。现多用来比喻人的生殖繁衍，传递祖先血脉。或指人类文明传之四海，使其生生不息。

主题金句摘用

他说她的绿色玻璃雨衣像一只药瓶。"你就是医我的药。"

——张爱玲《倾城之恋》

意大利裔美国籍小提琴家鲁杰罗·里奇纵横琴坛75载，以炉火纯青的琴技傲视群雄，被称为琴坛常青树、永远的神童。

客至，夫人垂帘视之。既罢会，喜曰："皆尔之俦也，不足忧矣。末座惨绿少年何人也？"答曰："补阙杜黄裳。"夫人曰："此人全别，必是有名卿相。"

——张固《幽闲鼓吹》

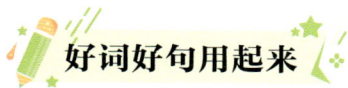

好词好句用起来

借物喻人

❶ 概念：借某一事物的特点，来描写人的品质、特征或行为。

❷ 好处：使文章立意更深远，表情达意更含蓄，增强文章的表现力和感染力。

❸ 示例

意大利裔美国籍小提琴家鲁杰罗·里奇纵横琴坛75载，以炉火纯青的琴技傲视群雄，被称为琴坛常青树、永远的神童。

❹ 生用（原封不动，直接引用）

说到琴坛著名人物，就不得不提到下面这位：

❺ 化用（保留"骨骼"，改变"肌肉"）

袁隆平爷爷虽然离去了，但每次稻谷出芽，每次稻米垂下，都是一场场无声而永恒的纪念。愿我辈都能如袁爷爷一样，不做短命烛火，争当常青高树。

_____

_____

_____常青树。

6 活用（形散意存）

　　不再使用"常青树"作为喻体，即"形散"，但仍以物喻人，即"意存"。

　　总有人叹烟花易冷：繁华易逝，我却觉得烟花般的人有着属于自己的盛大一生和璀璨高光，一瞬的美丽足以抵过一生的庸碌。

_____

_____

_____

7 注意事项

　　（1）扩大此类意象的积累，如钟、竹、树等，以便自己写作文时能随时运用；

　　（2）注意比喻的方向和比例，借物喻人最终的目的是写人，物品的形象出现不宜过多。

事
——
树敌

开绿灯　　摘花飞叶　　绿皮火车　　树大招风　　四处树敌

建树　　　蚍蜉撼树　　树碑立传　　枯树生花　　树倒猢狲散

字词解释

【树大招风】比喻人出了名或有了钱财就容易惹人注意，引起麻烦。

【四处树敌】"四处树敌"的关键词是"树"，是一种主动的行为，是一种主动去得罪别人而形成的对立或者敌对关系。

【蚍蜉撼树】比喻力量很小而想动摇强大的事物，不自量力。语出韩愈《调张籍》诗："蚍蜉撼大树，可笑不自量。"

【枯树生花】枯树又重新生叶开花。比喻重新获得生机。

【树倒猢狲散】比喻为首的人一旦垮台，随从的人无所依附也就随之而散。

主题金句摘用

种树者必培其根，种德者必养其心。

——王守仁《传习录》

一年之计，莫如树谷；十年之计，莫如树木；终身之计，莫如树人。

——《管子·权修》

秋天的后半夜，月亮下去了，太阳还没有出，只剩下一片乌蓝的天；除了夜游的东西，什么都睡着。华老栓忽然坐起身，擦着火柴，点上遍身油腻的灯盏，茶馆的两间屋子里，便弥满了青白的光。

——鲁迅《药》

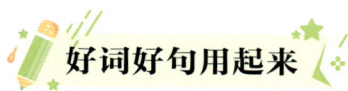
好词好句用起来

双线结构

❶ 概念：同时以情感线和主题线作为脉络进行故事编写。情感线即人物的情感想法，主题线即文章的主题思想。

❷ 好处：使文章情绪更加饱满，意义更加深远，结构更加完整。

❸ 示例

　　在乌镇上，张爷爷和小萝卜是村口的固定的伙伴。张爷爷总是和小萝卜谈起过往的回忆，他讲风雪中的战争和死亡，讲年少时的一见钟情……小萝卜的陪伴带给了他不少欢声笑语，爷爷回忆时的怅然也总被冲散。后来张爷爷的离世给小萝卜带来了无尽的泪水与哭泣。（情感线）然而等他长大些，他恍然发现爷爷的回忆和与爷爷在一起的日子也成为他的珍贵回忆，留下无限温暖与爱。他明白：<u>当下即未来的回忆，珍惜每个当下，才能永远铭记美好。</u>（主题线）

❹ 仿写

　　请参照上面的段落，使用"双线结构"写一段话。

_____

_____

_____

_____

_____

_____

5 注意事项

（1）本节技法是针对全篇文章的布局和结构，不适用于过短的语段，使用时要保证结构的完整；

（2）双线结构是文章的线索部分，要贯穿全文情节，不能出现突兀转折甚至改变。

情
——
治愈

主题语汇积累

心如松柏　　绿色治愈　　折柳　　　　甘当绿叶　　如沐春风
迷彩服　　　军营绿花　　眼冒绿光　　连理枝　　　海晏河清

字词解释

【折柳】古人离别时，有折柳枝相赠之风俗，在思念亲人、怀念故友时也会折柳寄情。

【甘当绿叶】甘心在工作、家庭等方面处于辅助的位置，不求做最耀眼的那个，却是默默付出、必不可缺少的一部分。

【如沐春风】如同沐浴在和煦的春风里。比喻同品德高尚且有学识的人相处并受到熏陶，犹言和高人相处，就像受到春风的吹拂一般。

【连理枝】不同根而枝干合生在一处的两棵树。多比喻恩爱夫妻。

【海晏河清】比喻太平盛世、天下太平。

主题金句摘用

甘为绿叶衬红花，淡泊名利气自华。

卷帘天自高，海水摇空绿。

——《西洲曲》

我多么希望，有一个门口，早晨，阳光照在草上。我们站着，扶着自己的门窗，门很低，但太阳是明亮的。草在结它的种子，

风在摇它的叶子，我们站着，不说话，就十分美好。

——顾城《门前》

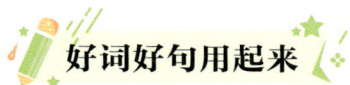 **好词好句用起来**

空间顺序

①概念： 写作中确定视角位置、视线方向、主题位置和周边环境。

②好处： 使文章逻辑清晰，主体与场景明确。

③示例

　　我多么希望，有一个幽静的庭院，月亮将它的清辉洒在人们的发上。门前的葡萄藤在生长，花圃中栀子花在飘香，我们在氤氲的香气中享受光阴美好。

④生用

　　卸下一身疲惫躺在床上时，_____

_____

_____

⑤仿写

　　我多么希望，有一个_____，_____

_____照在_____。_____

_____在_____，_____

在_____，我们在_____

_____。

6 注意事项

（1）空间定位和场景转换要遵从逻辑，如定位在院子里，其他的定位也应是院子中应该存在的地方，并且出现的顺序应该有逻辑；

（2）最后一句最好进行抒情，便于丰富整段描写的情感，达到情景交融的效果。

想

——生机

回春　　枯木逢春　　郁郁青青　　脆生生　　苍翠润泽
新绿　　幼苗破土　　万木争荣　　涨绿　　　绿意盎然

字词解释

【回春】冬天过去了，春天又到来了。也比喻高明的医术或灵验的药物使危重病人恢复健康。

【枯木逢春】干枯的树木，遇上了春天，因而又恢复了生命力。比喻经历摧折又重获生机。

【新绿】指初春草木显现的嫩绿色，也指开春后新涨的绿水。

【涨绿】春水上涨，也指充满绿色。

主题金句摘用

苔痕上阶绿，草色入帘青。

——刘禹锡《陋室铭》

风乍起，吹皱一池春水。

——冯延巳《谒金门》

麦苗在霜冻里返青了，山桃在积雪里鼓苞了。

——林斤澜《春风》

这种境界，既使人惊叹，又叫人舒服，既愿久立四望，又想坐下低吟一首奇丽的小诗。

——老舍《草原》

矛盾之间

1 概念：用矛盾的笔触写人物情感。

2 好处：通过矛盾的碰撞丰富人物内心情感。

3 示例

　　这种境界，既使人惊叹，又叫人舒服，既愿久立四望，又想坐下低吟一首奇丽的小诗。

4 生用

　　草原的风景是我未曾体味过的。

_____

5 仿写

　　站在蹦极台的边缘时，我的神经末梢剧烈地震动。空荡的风吹来时，既使人紧张，又让人稍感放松；看着遥远的地面，既想一跃而下，又难忍逃离的欲望。

_____

_____

6 注意事项

（1）矛盾主要表现在两方面：一部分是情感的前后矛盾，另一部分是使用的关联词也需有转折意味；

（2）这种矛盾不是极端的、相斥的情绪，而应该是全然不同但可以共存的。

议

——萌芽

割韭菜　　　百草萌动　　　树大根深　　　一叶障目

柳暗花明　　　萌芽　　　　　品红评绿　　　回黄转绿

前人栽树，后人乘凉　　　　小葱拌豆腐

字词解释

【百草萌动】指开始发芽。比喻事情刚起头。

【树大根深】比喻势力大，根基牢固。

【一叶障目】眼睛被一片树叶挡住，指看不到事物的全貌。比喻被局部的或暂时的现象所迷惑，不能认清事物的全貌或问题的本质。

【萌芽】草木发芽。比喻事物刚刚发生。也比喻新生而未长成的事物。

【前人栽树，后人乘凉】可用来形容前人的恩惠或形容生态环境保护的重要性。前辈栽的树，要过几辈后才能长大成荫，后人才能乘凉，说明树木成长需要较长的时间。也表示目前进行的工作，可能要在较长时间后才能体现出效益和价值。

主题金句摘用

一棵树上很难找到两片叶子形状完全一样，一千个人之中也很难找到两个人在思想情感上完全协调。

——歌德

小草呀，你的足步虽小，但是你拥有你足下的土地。

——泰戈尔《飞鸟集》

春天已经悄悄地来到我们身边，春风轻轻地吹红了花，春雨也静静地润绿了叶，朝气蓬勃的我们正像那红花绿叶一样鲜活、一样有生命力，而又有谁曾想到过是谁做了那春风春雨默默地滋润着我们呢？

好词好句用起来

托物言志

① 概念：通过对物品的描写和叙述，表达自己的志向和意愿。

② 好处：增强形象，易于理解，引发共鸣。

③ 示例

　　予独爱莲之出淤泥而不染，濯清涟而不妖。

④ 生用（原封不动，直接引用）

　　周敦颐的品性和道义闻名一时，就像他笔下的
"　　　　　　　　　　　　　　　　　　　　"那样。

⑤ 化用（保留"骨骼"，改变"肌肉"）

　　我爱莲花的那份清远。她不与花争艳，不哗众取宠，更不唯唯诺诺，不趋炎附势。她只是开着，开在清净的水塘中，也开在厚重的淤泥里。

　　　　　　莲花

6 活用（形散意存）

不再以"莲花"作比，即"形散"，但保留托物言志的手法，即"意存"。

斯是陋室，惟吾德馨。（刘禹锡《陋室铭》）

栀子向来因浓香为文雅人所不取，我偏爱它香得痛痛快快，香得自由肆意。

_____

_____

_____

_____

7 注意事项

（1）注意在写作和判断时都要与借景抒情区分开，后者侧重情感，更丰富饱满，托物言志侧重志向和精神，更昂扬坚定；

（2）托物言志的表达不能过于隐晦，只是描写物。在作品中，不仅要有"物"，还需要有"我"。通过将个人遭遇与所托之物的情况相结合，使得托物言志的内容更加丰富和真实。

识

健康

叶绿素　光合作用　绿色食品　绿色邮筒　城市绿地
保护色　绿色通道　抛橄榄枝　藤校　　　国画青绿山

字词解释

【光合作用】绿色植物利用光能，使二氧化碳和水合成有机物并释放氧气的过程。绝大多数生物都直接或间接地靠光合作用所提供的物质和能量而生存。

【绿色食品】是指产自优良生态环境、按照绿色食品标准生产、实行全程质量控制并获得绿色食品标志使用权的安全、优质食用农产品及相关产品。

【绿色通道】指在医疗、交通运输等部门设置的手续简便、安全快捷的通道，泛指简便、安全、快捷的途径或渠道。

【抛橄榄枝】指向对方表达友好、合作的愿望。

主题金句摘用

　　我寄你的信，总要送往邮局，不喜欢放在街边的绿色邮筒中，我总疑心那里会慢一点。

——鲁迅《两地书》

　　那愿望树下是曾经的童年，它生长在这一片葱绿中，沐浴阳光雨露，等候岁月中的我们，可以在茶饭闲话时，进行最美的光合作用。

绿地是城市的肺。碧绿的草坪、成片的花丛、茂密的树林，不仅把公园打扮得美丽多姿，还为人们提供新鲜的空气。

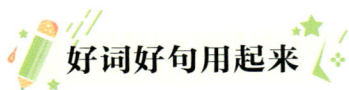

好词好句用起来

"道具"回忆

1 概念：由道具引起对过去的回忆。

2 好处：自然过渡实现时空的转化，使行文有迹可循。

3 示例

我向窗外望去，是一只蓝色的风筝，线断了，飘在天空中。它的色彩快要与背后的青空融为一体，是那样蔚蓝、辽阔。尾巴上的飘带随风起舞，和二爷扎的风筝简直是一模一样。那时，我才四岁，懵懵懂懂地被送到农村和二爷生活。

4 生用（原封不动，直接引用）

一阵风拂过我的耳畔。

_____

_____

5 化用（保留"骨骼"，改变"肌肉"）

天空放晴后我央求着妈妈去公园里放风筝，但面对玩具店里各种各样的款式我又犯了纠结，妈妈笑着说："还是你们幸福，妈妈小时候放的风筝哪有这么漂亮，都是自己做的。"

"自己做的？"我来了兴趣，"怎么做啊？"

妈妈愣了愣，思绪不禁飘到二十年前的晴空……

_____风筝，_____

_____

_____

_____

_____

6 活用（形散意存）

不再使用"风筝"作为开头，即"形散"，但仍然以一种道具引出文章，即"意存"。

我起身时衣袖猛地带倒了墨水瓶，黑色的墨水迅速在桌面上漫开，我手忙脚乱地收拾这一片狼藉，却忍不住想起了那个同样狼狈的下午。

_____

_____

_____

7 注意事项

（1）道具要与回忆对象有联系。道具可以由物品、五感、风景充当，以物品最好掌握。由于道具产生的关键作用，因此第一次写时要详细描写出道具外观、道具与对象的关系。

（2）回忆部分重点写一件事。少用"常常""每次"等词语，而要集中写"那一次"。

文
——
粽
叶

粽叶飘香　　艾蒿草　　绿巨人　　苌弘化碧　　明前龙井
青铜器　　　天水碧　　杀青　　　绿野仙踪　　名垂青史

字词解释

【绿巨人】是动画片和电影里的人物，全身绿色，身形巨大，面貌丑陋，破坏力极强。

【苌弘化碧】比喻精诚忠正。出自《庄子·外物》："人主莫不欲其臣之忠，而忠未必信，故伍员流于江，苌弘死于蜀，藏其血三年而化为碧。"

【天水碧】浅青色，古代丝帛染色名。相传为南唐后主李煜的姬妾所染。

【杀青】古代制作竹简，必先用火烤炙，至其冒出水分，刮去青皮，始方便书写并防止虫蠹，此一制作程序，称为"杀青"；后来泛指书籍定稿或著作完成。也指电影拍摄完竣或电视剧制作完成。

主题金句摘用

等他四下里皆瞧见，这就是咱苌弘化碧，望帝啼鹃。

——关汉卿《窦娥冤》

今夜偏知春气暖，虫声新透绿窗纱。

——刘方平《月夜》

浓郁的艾蒿香味弥漫在屋子里和院子里，沁人心脾，那种特有的芬芳也营造了欢快的节日氛围。所以从我记事起，在我的心目中似乎端午节就是艾蒿节。

清明过后，天气越来越暖了，野花开了，草也长高了，这时端午节来了。家家户户提前把风干的粽叶泡好，将糯米也泡好，包粽子的工作就开始了。粽子一般都包成菱形，若是用五彩线捆粽叶的话，粽子看上去就像花荷包了。粽子里通常要夹馅的，爱吃甜的就夹上红枣和豆沙，爱吃咸的就夹上一块腌肉。粽子蒸熟后，要放到凉水中浸着，这样放个两天三天都不会坏。父亲那时爱跟我们讲端午节的来历，讲屈原，讲他投水的那条汨罗江，讲人们包了粽子投到水里是为了喂鱼，鱼吃了粽子，就不会吃屈原了。我那时一根筋，心想：你们凭什么认为鱼吃了粽子后就不会去吃人肉？我们一顿不是至少也得吃两道菜吗！

吃粽子跟吃点心是一样的，完全可以拿着它们到门外去吃。门楣上插着拴着红葫芦的柳枝和艾蒿，一红一绿的，看上去分外明丽，站在那儿吃粽子真的是无限风光。我那时对屈原的诗一无所知，但我想他一定是个了不起的诗人，因为世上的诗人很多，只有他才会给我们带来节日。

——迟子建《故乡的吃食》

调动五感写"吃东西"

1 概念：从视觉、听觉、嗅觉、触觉、味觉等五感中选择合适的角度对食物进行描写，描写完成后再细致描述人物的吃法。

2 好处：在描写食物的同时写出人物的性格，内容丰富。

3 示例

> 粽子里通常要夹馅的，爱吃甜的就夹上红枣和豆沙，爱吃咸的就夹上一块腌肉。粽子蒸熟后，要放到凉水中浸着，这样放个两天三天都不会坏……

> 吃粽子跟吃点心是一样的，完全可以拿着它们到门外去吃。门楣上插着拴着红葫芦的柳枝和艾蒿，一红一绿的，看上去分外明丽，站在那儿吃粽子真的是无限风光。

4 生用

> 例如写端午节时家人一起包粽子，可适当修改：

> 我们一家人围着泡好的粽叶和糯米坐好，包粽子的工作正式开始了。

_____

5 仿写

> 粽子里通常要夹馅的，爱吃甜的就夹上红枣和豆沙，爱吃咸的就夹上一块腌肉。粽子蒸熟后，要放到凉水中浸着，

这样放个两天三天都不会坏……

吃粽子跟吃点心是一样的，完全可以拿着它们到门外去吃。门楣上插着拴着红葫芦的柳枝和艾蒿，一红一绿的，看上去分外明丽，站在那儿吃粽子真的是无限风光。

夏天的西瓜在入口之前通常要经过耐心的冰镇，清甜多汁的瓜肉，加上冰镇后冰凉解暑的清新口感，入口沙沙，叫人满足得眯起眼睛来。冰镇西瓜刚一切成小块，我就迫不及待地拿起一块开始大口吃起来，西瓜的汁水糊了满嘴，白色衣领也沾上了点点红色。

_____

_____

_____

_____

_____

6 注意事项

（1）要同时包含描写食物和描写人物吃法两个部分，呈现丰富内容，避免叙述的干瘪；

（2）在描写食物和描写人物吃法时都要注意突出特点，抓住一点或几点来详细写。

第 **10** 节

专

——

绿

卡

叶绿体　　　夜视仪　　星巴克　　绿衣大食　　红涨绿跌

绿宝石岛　　格陵兰　　绿卡　　　绿毛龟　　　青衣旦

字词解释

【夜视仪】夜间外瞄准具。

【绿衣大食】法蒂玛王朝(909—1171年)，北非伊斯兰王朝，因崇尚绿色，中国史籍称之为绿衣大食。

【绿宝石岛】爱尔兰岛的别称，欧洲第三大岛，面积8.4万平方千米，由于岛上森林覆盖率非常高，草地遍布，从空中俯瞰爱尔兰岛以绿色居多，所以称之为绿宝石岛。

【青衣旦】传统戏曲角色行当，主要扮演性格刚烈、举止端庄的青年或中年女性，表演上着重唱功。因所扮人物大都穿青素褶子而得名。

主题金句摘用

格陵兰岛位于北美洲东北部，是丹麦自治领地之一，是世界上最大的岛屿，面积200多万平方千米。格陵兰岛处于北美洲与欧洲的交界处，介于北冰洋和大西洋之间，西北部与加拿大隔海峡相望，北部濒临北冰洋，南部濒临大西洋，东部通过丹麦海峡与欧洲的冰岛隔海相望。

中国"绿卡"，即外国人永久居留身份证，被调侃为"世界上最难拿的绿卡"。自 2004 年中国实行绿卡制度至 2011 年底，持有绿卡的外国人共 4752 人，年均发放量 248 张，而在华常住的外籍人口已达 60 万。与之相应的是，美国每年发放 100 多万张"绿卡"，其中高层次人才职业移民"绿卡"达 14 万张。

故事在台上 论不完长短

戏中人苍老 唱腔转了转

青褶衣庄重 褪却了烂漫

一身装扮 最好年华过半

惊雷雨浓墨重彩倒春寒

韵白已写到肝肠寸断

他的眼 落了几分愁 爱恨也艰难

他又换了长衫唱到离散

偏是戏子多情 记挂千万

仍念着那个故人有没有还

——偏生梓归《青衣旦》

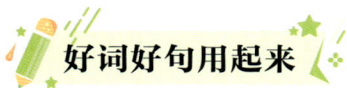

好词好句用起来

意象叠加

❶ 概念：将多个意象直接叠加在一起，通过它们的融合呈现、互相映衬，营造内涵丰富的意境。

❷ 好处：利用有限的文字创造出丰富内涵，给予读者多层次的阅

读体验。

❸ 示例

      惊雷雨浓墨重彩倒春寒。

❹ 生用

      例如在散文或小说里写雷雨天的剧院：

      闪电划过阴沉沉的天空，倏地照亮了戏台，真是

_____

❺ 仿写

      惊雷雨浓墨重彩倒春寒。

      明月悬冷风呼啸寒霜结。

      星光闪烁，荷叶亭亭，蛙鸣阵阵，微风轻拂……

_____

_____

_____

❻ 注意事项

      （1）使用此技法时不一定要拘泥于语言表达形式，文白皆可；

      （2）选用的意象在意境上要统一。